HSK 1

STORYBOOK

Stories in Simplified Chinese and Pinyin

150 Words Vocabulary Level

B.Y. LEONG

Copyright © 2019 B.Y Leong

ISBN: 9781072322146

All rights reserved. This book or parts thereof may not be reproduced in any form, stored in any retrieval system, or transmitted in any form by any means—electronic, mechanical, photocopy, recording, or otherwise—without prior written permission of the publisher, except as provided by applicable law.

Any references to historical events, real people, or real places are used fictitiously. Other names, characters, places and events are products of the author's imagination, and any resemblances to actual events or places or persons, living or dead, is entirely coincidental.

Edited by Y.L Hoe

Book Cover by Sok Yeng Leong

Publisher:

Leong Bik Yoke

C1013 Centum@Oasis Corporate Park,
No.2, Jalan PJU1A/2, Ara Damansara
47301 Petaling Jaya, Selangor
MALAYSIA

feedback@allmusing.net

TABLE OF CONTENTS

Introduction 1
[1] I Love My Parents 3
Statistics [1] 5
Pinyin and Translation [1] 6
[2] My Day at the store 10
Statistics [2] 12
Pinyin and Translation [2] 13
[3] Buying Tables and Chairs 17
Statistics [3] 20
Pinyin and Translation [3] 21
[4] Our cats and dogs 27
Statistics [4] 29
Pinyin and Translation [4] 30
[5] Do You Have Money to Buy a Computer? 34
Statistics [5] 37
Pinyin and Translation [5] 39
[6] Shopping with Mum 46
Statistics [6] 48
Pinyin and Translation [6] 50
[7] Watching Movies and TV with Friends 56
Statistics [7] 58
Pinyin and Translation [7] 60
[8] Made in China 66
Statistics [8] 69
Pinyin and Translation [8] 70
[9] Pretty Women 76

Statistics [9]	78
Pinyin and Translation [9]	79
[10] Where Is The Hospital?	84
Statistics [10]	87
Pinyin and Translation [10]	89
[11] Learning The Chinese Language	95
Statistics [11]	98
Pinyin and Translation [11]	99
[12] Father's Friends Coming To Our House	107
Statistics [12]	110
Pinyin and Translation [12]	111
[13] Met A Beautiful Girl	118
Statistics [13]	121
Pinyin and Translation [13]	123
[14] Disobedient Son And Daughter	130
Statistics [14]	133
Pinyin and Translation [14]	135
[15] Birthdays	142
Statistics [15]	145
Pinyin and Translation [15]	147
Appendix A – HSK 1 Vocabulary	154
Appendix B – New Words in HSK 1 Standard Course Book	161
Audio Files Download	164

HSK Storybook Series:-

HSK 1 Storybook

HSK 1 Storybook Vol. 2

HSK 1 Storybook Vol. 3

HSK 2 Storybook Vol. 1

HSK 2 Storybook Vol. 2

HSK 2 Storybook Vol. 3

HSK 3, HSK 4 and other titles coming soon.

INTRODUCTION

This book consists of 15 short stories written in Simplified Chinese and Pinyin. The purpose of this book is to provide readers with reading materials to practice their reading skills as well as an introduction to more extended sentence structure and longer articles.

This book has all the vocabularies in HSK 1. If you finish the book, you would have practiced your reading skill on all the vocabularies in HSK 1.

I have tried to restrict the vocabularies used in this book to HSK 1 as far as possible. Where it is not possible, I have introduced limited new words in the story. If you have learned all the HSK 1 Vocabulary and completed the Standard Course Book for HSK 1 by Jiang Liping, you would be able to read about 90% of this book without learning new words.

I consider the HSK 1 Vocabulary together with the new words introduced in Standard Course Book as *Extended HSK 1 Vocabulary* and I will refer to it as such from now on.

The structure of this book is as follows:

- **Story** – this section is the story in Simplified Chinese without Pinyin and the English translation. To test level of reading skills, you should attempt to read this section first before going to the next.
- **Statistics** – this will provide the reader with an analysis of the words used in the story and the level of difficulty. It will

set out new words along with Pinyin and explanation. The new words set out here are not cumulative. New words are set out here as long as the words used are not in the Extended HSK 1 Vocabulary.
- **Pinyin and Translation** – this will be the section for Pinyin and English translation.
- **Appendix** – for the benefit of those who need assistance on the HSK 1 and Extended HSK 1 vocabularies, I have included them in this section for your reference.

The stories in this book are individual stories. A reader may choose to read this book in any particular order. To help you decide which story to read first, you may take a look at the statistics before you begin. The difficulty level for each story varies.

You may also download the free audio files with the link and password provided on the last page.

Lastly, I am sorry to disappoint those who enjoy reading a book with pictures because this book has no picture, only words. For the rest who doesn't like the distraction of pictures, I hope you will enjoy reading this book. If you have any feedback, please feel free to visit https://allmusing.net.

Happy reading!

B.Y Leong

[1] I Love My Parents
我很爱我的爸爸妈妈

我的爸爸是医生，妈妈是老师。爸爸在医院工作。妈妈在学校工作。爸爸开车去医院工作。妈妈坐出租车去学校工作。爸爸妈妈都是上午八点去工作。我好爱他们。他们都很爱我,说我是个好女儿。

我不喜欢看电视。我很喜欢看书和学习汉语。我想做一个老师。爸爸妈妈听了后很高兴。他们买了很多汉语书给我。我很多时候都在家里读汉语书。我学习了很多汉字。我能写八十个汉字。我一个月读一本书，一年里我会读十二本汉语书了。

我在学校里认识了很多同学。我有四个好朋友。我们天天都是上午八点去学校的。我和我的朋友都是九岁。

有一天爸爸说，"女儿，你读书读的很快，爸爸多买几本书吧。"我听的爸爸这话后很高兴的说，"谢谢爸爸。我长大的时候，我想坐飞机去北京学习汉语。"

妈妈下午六点回家做饭。妈妈做的中国菜很好吃。我很喜欢吃她做的中国菜。妈妈昨天做的三个菜我都很喜欢吃。妈妈很高兴看见我吃了很多菜和米饭。她说今天她会做多一点儿。我也很喜欢吃水果。妈妈说她明天会去后面的商店买多一些水果。

STATISTICS [1]

293 Total Word Count

98 Number of Unique Words

85 (56.67 %) of the 150 HSK 1 words

85 (86.73 %) of the Story comprise of the 150 HSK 1 words

93 (94.9 %) of the Story comprise of the Extended HSK 1 words

5 (5.1 %) of the Story comprise of New Words

New Words	Explanation
后 (hòu)	After
天天 (tiāntiān)	Everyday
话 (huà)	Spoken words, speech, talk, words, conversation (说话 (Shuōhuà)– speak, talk, say)
长大(zhǎng dà)	Grow up
快 (kuài)	Fast, quickly, soon

Pinyin and Translation [1]

我的爸爸是医生，妈妈是老师。爸爸在医院工作。妈妈在学校工作。爸爸开车去医院工作。妈妈坐出租车去学校工作。爸爸妈妈都是上午八点去工作。我好爱他们。他们都很爱我,说我是个好女儿。

Wǒ de bàba shì yī shēng, māmā shì lǎo shī. Bàba zài yī yuàn gōng zuò. Māmā zài xué xiào gōng zuò. Bàba kāi chē qù yī yuàn gōng zuò. Māmā zuò chū zū chē qù xué xiào gōng zuò. Bàba māmā dōu shì shàng wǔ bā diǎn qù gōng zuò. Wǒ hǎo ài tā men. Tā men dōu hěn ài wǒ, shuō wǒ shì gè hǎo nǚ ér.

Dad is a doctor and Mom is a teacher. Dad works in the hospital. Mom works at school. Dad drives to the hospital to work. Mom takes taxi to work at school. Mom and Dad go to work at eight in the morning. I love them very much. They love me too and said that I am a good daughter.

我不喜欢看电视。我很喜欢看书和学习汉语。我想做一个老师。爸爸妈妈听了后很高兴。他们买了很多汉语书给我。我很多时候都在家里读汉语书。我学习了很多汉字。我能写八十个汉字。我一个月读一本书,一年里我会读十二本汉语书了。

Wǒ bù xǐ huān kàn diàn shì. Wǒ hěn xǐ huān kàn shū hé xué xí hàn yǔ. Wǒ xiǎng zuò yī gè lǎo shī. Bàba māmā tīng le hòu hěn gāo xìng. Tā men mǎi le hěn duō hàn yǔ shū gěi wǒ. Wǒ hěn duō shí hòu dōu zài jiā lǐ dú hàn yǔ shū. Wǒ xué xí le hěn duō hàn zì. Wǒ néng xiě bā shí gè hàn zì. Wǒ yī gè yuè dú yī běn shū, yī nián lǐ wǒ huì dú shí èr běn hàn yǔ shū le.

I don't like watching TV. I really like reading books and learning Chinese. I want to be a teacher. Mom and Dad are very happy when they heard this. They bought a lot of Chinese books for me. I often read Chinese books at home. I have learned a lot of Chinese characters. I can write eighty Chinese characters. I read a book a month, and I will read twelve Chinese books a year.

我在学校里认识了很多同学。我有四个好朋友。我们天天都是上午八点去学校的。我和我的朋友都是九岁。

Wǒ zài xué xiào lǐ rèn shì le hěn duō tóng xué. Wǒ yǒu sì gè hǎo péng yǒu. Wǒ men tiān tiān dōu shì shàng wǔ bā diǎn qù xué xiào de. Wǒ hé wǒ de péng yǒu dōu shì jiǔ suì.

I got to know a lot of classmates at school. I have four good friends. We go to school at eight in the morning every day. My friends and I are nine years old.

有一天爸爸说，"女儿，你读书读的很快，爸爸多买几本书吧。"我听的爸爸这话后很高兴的说，"谢谢爸爸。我长大的时候，我想坐飞机去北京学习汉语。"

Yǒu yī tiān bàba shuō,"nǚ ér, nǐ dú shū dú de hěn kuài, bàba duō mǎi jǐ běn shū ba." Wǒ tīng de bàba zhè huà hòu hěn gāo xìng de shuō,"xiè xiè bàba. Wǒ zhǎng dà de shí hòu, wǒ xiǎng zuò fēi jī qù běi jīng xué xí hàn yǔ."

One day, Dad said, "Daughter, you read your books very quickly, Dad will buy a few more books." I was very happy after hearing my Dad say this, "Thank you Dad. When I grow up, I want to fly to Beijing to learn Chinese."

妈妈下午六点回家做饭。妈妈做的中国菜很好吃。我很喜欢吃她做的中国菜。妈妈昨天做的三个菜我都很喜欢吃。妈妈很高兴看见我吃了很多菜和米饭。她说今天她会做多一点儿。我也很喜欢吃水果。妈妈说她明天会去后面的商店买多一些水果。

Māmā xià wǔ liù diǎn huí jiā zuò fàn. Māmā zuò de zhōng guó cài hěn hào chī. Wǒ hěn xǐ huān chī tā zuò de zhōng guó cài. Māmā zuó tiān zuò de sān gè cài wǒ doū hěn xǐ huān chī. Māmā hěn gāo xìng kàn jiàn wǒ chī le hěn duō cài hé mǐ fàn. Tā shuō jīn tiān tā huì zuò duō yī diǎn er. Wǒ yě hěn xǐ huān chī shuǐ guǒ. Māmā shuō tā míng tiān huì qù hòu miàn de shāng diàn mǎi duō yī xiē shuǐ guǒ.

Mom went home to cook at six in the afternoon. Mom's chinese dish is very delicious. I really like to eat the Chinese dish that she makes. I liked the three dishes that Mom made yesterday. Mom was very happy to see that I have eaten a lot of dishes and rice. She said she would make a little more today. I also like to eat fruits. Mom said she will go to the store at the back to buy more fruits tomorrow.

[2] MY DAY AT THE STORE
我在商店的一天

今天中午在下雨，商店里没什么人，我想去商店买一些衣服。在商店里，有一个男人叫我，"小姐，您好。请来看这些衣服，很漂亮。"我看了十分钟，看见很多漂亮的衣服，我都很喜欢。

我：这件衣服多少钱？

男人：这是七十五块。

我：前面那件衣服呢？

男人：那是七十块。

我：后面那件衣服呢？

男人：那是四十六块。

我：好！我买这件吧。

男人：小姐，你看这件也很漂亮啊。

我：对不起，我没有钱了。今天不买这么多了。

男人：你住在哪儿？您明天能回来这儿买吗？

我：好的。我明天来买。

男人：你会回来这儿吗？

我：我会的。

男人：那好吧，再见。

我：再见。

我买了几件衣服后去看还在下雨吗。现在没下雨了，我能坐出租车回家做饭了。今天我儿子回家吃饭，我会做他很喜欢吃的菜。

STATISTICS [2]

211 Total Word Count

82 Number of Unique Words

66 (44.0 %) of the 150 HSK 1 words

66 (80.49 %) of the Story comprise of the 150 HSK 1 words

78 (95.12 %) of the Story comprise of the Extended HSK 1 words

4 (4.88 %) of the Story comprise of New Words

New Words	Explanation
男 (nán)	Man
件 (jiàn)	Piece (of clothe) (classifier for events, things, clothes etc)
还 (hái)	Also, still, yet
这么 (zhème)	So, such

Pinyin and Translation [2]

今天中午在下雨，商店里没什么人，我想去商店买一些衣服。在商店里，有一个男人叫我，"小姐，您好。请来看这些衣服，很漂亮。"我看了十分钟，看见很多漂亮的衣服，我都很喜欢。

Jīn tiān zhōng wǔ zài xià yǔ, shāng diàn lǐ méi shén me rén, wǒ xiǎng qù shāng diàn mǎi yī xiē yī fú. Zài shāng diàn lǐ, yǒu yī gè nán rén jiào wǒ,"xiǎo jiě, nín hǎo. Qǐng lái kàn zhè xiē yī fú, hěn piào liang." Wǒ kàn le shí fēn zhōng, kàn jiàn hěn duō piào liang de yī fú, wǒ dōu hěn xǐ huān.

It was raining at noon today, I wanted to go to the store to buy some clothes because there will be fewer people there. In the store, there was a man calling out to me, "Miss, hello. Please look at these beautiful clothes." I browsed the shop for ten minutes and saw a lot of wonderful clothes that I like very much.

我：这件衣服多少钱？
Wǒ: Zhè jiàn yī fú duō shǎo qián?
Me: How much is this dress?

男人：这是七十五块。
Nán rén: Zhè shì qī shí wǔ kuài.

Man: This is seventy-five.

我：前面那件衣服呢？
Wǒ: Qián miàn nà jiàn yī fú ne?
Me: What about the one in front?

男人：那是七十块。
Nán rén: Nà shì qī shí kuài.
Man: That is seventy.

我：后面那件衣服呢？
Wǒ: Hòu miàn nà jiàn yī fú ne?
Me: What about the clothes at the back?

男人：那是四十六块。
Nán rén: Nà shì sì shí liù kuài.
Man: That is forty-six.

我：好！我买这件吧。
Wǒ: Hǎo! Wǒ mǎi zhè jiàn ba.
Me: That's great! I will buy this one.

男人：小姐，你看这件也很漂亮啊。
Nán rén: Xiǎo jiě, nǐ kàn zhè jiàn yě hěn piào liang a.
Man: Miss, this one is very nice too.

我：对不起，我没有钱了。今天不买这么多了。

Wǒ: Duì bù qǐ, wǒ méi yǒu qián le. Jīn tiān bú mǎi zhè me duō le.

Me: Sorry, I have no more money. I won't buy so many today.

男人：你住在哪儿？你明天能回来这儿买吗？

Nán rén: Nǐ zhù zài nǎ er? Nǐ míng tiān néng huí lái zhè er mǎi ma?

Man: Where do you live? Can you come back here tomorrow to buy it?

我：好的。我明天来买。

Wǒ: Hǎo de. Wǒ míng tiān lái mǎi.

Me: Ok. I will buy it tomorrow.

男人：你会回来这儿吗？

Nán rén: Nǐ huì huí lái zhè er ma?

Man: Will you be back here?

我：我会的。

Wǒ: Wǒ huì de.

Me: I will.

男人：那好吧，再见。

Nán rén: Nà hǎo ba, zài jiàn

Man: Ok, goodbye.

我：再见。
Wǒ: Zài jiàn.
Me: Goodbye.

我买了几件衣服后去看还在下雨吗。现在没下雨了，我能坐出租车回家做饭了。今天我儿子回家吃饭，我会做他很喜欢吃的菜。

Wǒ mǎi le jǐ jiàn yī fú hòu qù kàn hái zài xià yǔ ma. Xiàn zài méi xià yǔ le, wǒ néng zuò chū zū chē huí jiā zuò fàn le. Jīn tiān wǒ ér zǐ huí jiā chī fàn, wǒ huì zuò tā hěn xǐ huān chī de cài.

After I bought a few clothes, I went out to see if it's still raining. It stopped raining, I can take a taxi home to cook. Today my son will come home, I will cook the dishes that he likes.

[3] BUYING TABLES AND CHAIRS
买桌子和椅子

在一个很冷的上午，我在家里睡觉，妈妈叫我起来听电话。我很快的起来了。

妈妈：有一个人打电话过来。

儿子：是谁打电话过来呢？

妈妈：她没说她的名字，只说她有桌子和椅子卖。

儿子：喂。

女人：喂，您好。我听你想买些桌子和椅子。

儿子：是的，我想买些桌子和椅子。你有吗？

女人：有。

儿子：你有几个桌子和椅子？

女人：我有五个桌子和椅子。大和小都有。

儿子：多少钱？

女人：一个大桌子是八十块。一个小桌子是六十块。一个大椅子是四十块。一个小椅子是二十块。

儿子：好的。那我先打个电话问我的老师。我看她是想买三个大桌子和三个大椅子。

女人：那我明天再打电话过来。你什么时候在？

儿子：我明天上午十点在家。

女人：我明天上午十点再打电话给你。

儿子：好的，谢谢。

女人：不客气。

儿子：再见。

妈妈：你没问她叫什么名字吗？

儿子：我明天会问她的。

妈妈：我们家里不是有很多桌子和椅子吗？

儿子：那是我学校老师叫我买的。我们有三个同学没有桌子和椅子用。

妈妈：我们家里的桌子和椅子不能卖给老师吗？

儿子：我问过爸爸了。爸爸说他不卖。

妈妈：家里有很多东西，我都想卖。

儿子：好吧，我明天会问我的老师。

妈妈：今天天气很冷。我看中午会下雨。你坐在这椅子上多喝一点儿热茶吧。

儿子：好。谢谢。我现在不想睡了。杯子在哪儿？

妈妈：在那儿。

STATISTICS [3]

350 Total Word Count

103 Number of Unique Words

85 (56.67 %) of the 150 HSK 1 words

85 (82.52 %) of the Story comprise of the 150 HSK 1 words

94 (91.26 %) of the Story comprise of the Extended HSK 1 words

9 (8.74 %) of the Story comprise of New Words

New Words	Explanation
女 (nǚ)	Woman, girl, female
卖 (mài)	Sell, sale
过 (guò)	Over, cross, pass (time)
再 (zài)	Again
起来 (qǐlái)	Get up
快 (kuài)	Fast, quickly, soon
只 (zhǐ)	Only, just, merely
用 (yòng)	Use
先 (xiān)	Prior, first, in advance

PINYIN AND TRANSLATION [3]

在一个很冷的上午，我在家里睡觉，妈妈叫我起来听电话。我很快的起来了。

Zài yīgè hěn lěng de shàng wǔ, wǒ zài jiā lǐ shuì jiào, māmā jiào wǒ qǐ lái tīng diàn huà. Wǒ hěn kuài de qǐ lái le.

I was sleeping at home on a very cold morning, when my mother called me to answer the phone, I quickly got up.

妈妈：有一个人打电话过来。
Māmā: Yǒu yī gè rén dǎ diàn huà guò lái.
Mom: There is a person asking for you.

儿子：是谁打电话过来呢？
Ér zi: Shì shéi dǎ diàn huà guò lái ne?
Son: Who is calling?

妈妈：她没说她的名字，只说她有桌子和椅子卖。
Māmā: Tā méi shuō tā de míng zì, zhǐ shuō tā yǒu zhuō zi hé yǐ zi mài.
Mom: She didn't say her name, she only said she has tables and chairs to sell.

儿子：喂。
Ér zi: Wèi.
Son: Hello.

女人：喂，您好。我听你想买些桌子和椅子。
Nǚ rén: Wèi, nín hǎo. Wǒ tīng nǐ xiǎng mǎi xiē zhuō zi hé yǐ zi.
Woman: Hello. I heard that you want to buy some tables and chairs.

儿子：是的，我想买些桌子和椅子。你有吗？
Ér zi: Shì de, wǒ xiǎng mǎi xiē zhuō zi hé yǐ zi. Nǐ yǒu ma?
Son: Yes, I want to buy some tables and chairs. Do you have any?

女人：有。
Nǚ rén: Yǒu.
Woman: Yes.

儿子：你有几个桌子和椅子？
Ér zi: Nǐ yǒu jǐ gè zhuō zi hé yǐ zi?
Son: How many tables and chairs do you have?

女人：我有五个桌子和椅子。大和小都有。
Nǚ rén: Wǒ yǒu wǔ gè zhuō zi hé yǐ zi. Dà hé xiǎo dōu yǒu.
Woman: I have five big and small, tables and chairs.

儿子：多少钱？

Ér zi: Duō shǎo qián?
Son: How much?

女人：一个大桌子是八十块。一个小桌子是六十块。一个大椅子是四十块。一个小椅子是二十块。

Nǚ rén: Yī gè dà zhuō zi shì bā shí kuài. Yīgè xiǎo zhuō zi shì liù shí kuài. Yī gè dà yǐ zi shì sì shí kuài. Yī gè xiǎo yǐ zi shì èr shí kuài.
Woman: A big table is eighty dollars. A small table is sixty dollars. A large chair is forty dollars. A small chair is twenty dollars.

儿子：好的。那我先打个电话问我的老师。我看她是想买三个大桌子和三个大椅子。

Ér zi: Hǎo de. Nà wǒ xiān dǎ gè diàn huà wèn wǒ de lǎo shī. Wǒ kàn tā shì xiǎng mǎi sān gè dà zhuō zi hé sān gè dà yǐ zi.
Son: Ok. Let me call my teacher first. I think she wants to buy three big tables and three big chairs.

女人：那我明天再打电话过来。你什么时候在？

Nǚ rén: Nà wǒ míng tiān zài dǎ diàn huà guò lái. Nǐ shén me shí hòu zài?
Woman: Then I will call again tomorrow. What time will you be home?

儿子：我明天上午十点在家。

Ér zi: Wǒ míng tiān shàng wǔ shí diǎn zài jiā.

Son: I am home at 10 am tomorrow.

女人：我明天上午十点再打电话给你。

Nǚ rén: Wǒ míng tiān shàng wǔ shí diǎn zài dǎ diàn huà gěi nǐ.

Woman: I will call you at 10 o'clock tomorrow morning.

儿子：好的，谢谢。

Ér zi: Hǎo de, xiè xiè.

Son: Ok, thank you.

女人：不客气。

Nǚ rén: Bù kè qì.

Woman: You are welcome.

儿子：再见。

Ér zi: Zài jiàn.

Son: Goodbye.

妈妈：你没问她叫什么名字吗？

Māmā: Nǐ méi wèn tā jiào shén me míng zì ma?

Mom: You didn't ask for her name?

儿子：我明天会问她的。

Ér zi: Wǒ míng tiān huì wèn tā de.
Son: I will ask her tomorrow.

妈妈：我们家里不是有很多桌子和椅子吗？

Māmā: Wǒ men jiā lǐ bù shì yǒu hěn duō zhuō zi hé yǐ zi ma?
Mom: Don't we have a lot of tables and chairs in our house?

儿子：那是我学校老师叫我买的。我们有三个同学没有桌子和椅子用。

Ér zi: Nà shì wǒ xué xiào lǎo shī jiào wǒ mǎi de. Wǒ men yǒu sān gè tóng xué méi yǒu zhuō zi hé yǐ zi yòng.
Son: My school teacher asked me to buy. We have three classmates who don't have tables and chairs.

妈妈：我们家里的桌子和椅子不能卖给老师吗？

Māmā: Wǒ men jiā lǐ de zhuō zi hé yǐ zi bù néng mài gěi lǎo shī ma?
Mom: Can't we sell our tables and chairs to your teacher?

儿子：我问过爸爸了。爸爸说他不卖。

Ér zi: Wǒ wèn guò bàba le. Bàba shuō tā bù mài.
Son: I asked Dad. He said he didn't want to sell.

妈妈：家里有很多东西，我都想卖。

Māmā: Jiā li yǒu hěn duō dōng xī, wǒ dōu xiǎng mài.
Mom: There are a lot of things that I want sell off.

儿子：好吧，我明天会问我的老师。
Ér zi: Hǎo ba, wǒ míng tiān huì wèn wǒ de lǎo shī.
Son: Ok, I will ask my teacher tomorrow.

妈妈：今天天气很冷。我看中午会下雨。你坐在这椅子上多喝一点儿热茶吧。
Māmā: Jīn tiān tiān qì hěn lěng. Wǒ kàn zhòng wǔ huì xià yǔ. Nǐ zuò zài zhè yǐ zi shàng duō hè yī diǎn er rè chá bā.
Mom: The weather is very cold today. I think it will rain at noon. Please sit and have some hot tea.

儿子：好。谢谢。我现在不想睡了。杯子在哪儿？
Ér zi: Hǎo. Xiè xiè. Wǒ xiàn zài bù xiǎng shuì le. Bēi zi zài nǎ er?
Son: Ok. Thank you. I don't want to sleep now. Where is the cup?

妈妈：在那儿。
Māmā: Zài nà er.
Mom: Over there.

[4] OUR CATS AND DOGS
家里的猫和狗

在一个很热的中午,老师和几个学生在一起吃饭。

老师:谁家里有养猫?

学生一:我家里有一只猫。

学生二:我家里有一只猫和一只大狗。我的大狗很喜欢吃东西。我的大狗喜欢吃水果。

学生一:我朋友的狗也喜欢吃水果。有一天,我看见他的狗吃了很多个苹果。我家里的猫不喜欢吃苹果。

老师:你们爱你们的猫和狗吗?

学生一:我很爱我的猫。

学生二:我也很爱我的猫和狗。

老师:你们的猫和狗几岁了?

学生一:五岁。

学生二：我的猫是三岁。大狗是四岁。老师，您有养猫和狗吗？

老师：我没养狗。我只有一只三个月的小猫。

学生一：我们想看老师的小猫。

老师：好吧。你们明天能去我家看小猫吗？我们现在回去了。你们怎么回家呢？

学生一：我和爸爸一起坐车回家。

学生二：我和妈妈坐出租车回家。

老师：好。学生们，再见。

学生一和二：老师，再见。

STATISTICS [4]

236 Total Word Count

68 Number of Unique Words

56 (37.33 %) of the 150 HSK 1 words

56 (82.35 %) of the Story comprise of the 150 HSK 1 words

66 (97.06 %) of the Story comprise of the Extended HSK 1 words

2 (2.94 %) of the Story comprise of New Words

New Words	Explanation
只 (zhī)	Classifier for dogs, cats, birds and certain animals
养 (yǎng)	To raise or keep animals or pets

PINYIN AND TRANSLATION [4]

在一个很热的中午，老师和几个学生在一起吃饭。

Zài yī gè hěn rè de zhōng wǔ, lǎo shī hé jǐ gè xué shēng zài yī qǐ chī fàn.

One very hot day, a teacher and several of his students were having a meal together.

老师：谁家里有养猫？

Lǎo shī: Shéi jiā li yǒu yǎng māo?

Teacher: Who has a cat at home?

学生一：我家里有一只猫。

Xué shēng yī: Wǒ jiā li yǒu yī zhǐ māo.

Student 1: I have a cat at home.

学生二：我家里有一只猫和一只大狗。我的大狗很喜欢吃东西。我的大狗喜欢吃水果。

Xué shēng èr: Wǒ jiā li yǒu yī zhǐ māo hé yī zhǐ dà gǒu. Wǒ de dà gǒu hěn xǐ huān chī dōng xī. Wǒ de dà gǒu xǐ huān chī shuǐ guǒ.

Student 2: I have a cat and a big dog at home. My big dog likes to eat. My big dog likes to eat fruits.

学生一：我朋友的狗也喜欢吃水果。有一天，我看见他的狗吃了很多个苹果。我家里的猫不喜欢吃苹果。

Xué shēng yī: Wǒ péng yǒu de gǒu yě xǐ huān chī shuǐ guǒ. Yǒu yī tiān, wǒ kàn jiàn tā de gǒu chī le hěn duō gè píng guǒ. Wǒ jiā lǐ de māo bù xǐ huān chī píng guǒ.

Student 1: My friend's dog likes to eat fruits too. One day, I saw his dog ate a lot of apples. My cat at home doesn't like to eat apples.

老师：你们爱你们的猫和狗吗？

Lǎo shī: Nǐ men ài nǐ men de māo hé gǒu ma?

Teacher: Do you love your cats and dogs?

学生一：我很爱我的猫。

Xué shēng yī: Wǒ hěn ài wǒ de māo.

Student 1: I love my cat very much.

学生二：我也很爱我的猫和狗。

Xué shēng èr: Wǒ yě hěn ài wǒ de māo hé gǒu.

Student 2: I also love my cats and dogs.

老师：你们的猫和狗几岁了？

Lǎo shī: Nǐ men de māo hé gǒu jǐ suì le?

Teacher: How old are your cats and dogs?

学生一：五岁。

Xué shēng yī: Wǔ suì.

Student 1: Five years old.

学生二：我的猫是三岁。大狗是四岁。老师，您有养猫和狗吗？

Xué shēng èr: Wǒ de māo shì sān suì. Dà gǒu shì sì suì. Lǎo shī, nín yǒu yǎng māo hé gǒu ma?

Student 2: My cat is three years old. The big dog is four years old. Teacher, do you have cats and dogs?

老师：我没养狗。我只有一只三个月的小猫。

Lǎo shī: Wǒ méi yǎng gǒu. Wǒ zhǐ yǒu yī zhī sān gè yuè de xiǎo māo.

Teacher: I don't have a dog. I only have a 3 month old kitten.

学生一：我们想看老师的小猫。

Xué shēng yī: Wǒ men xiǎng kàn lǎo shī de xiǎo māo.

Student 1: We want to see teacher's kitten.

老师：好吧。你们明天能去我家看小猫吗？我们现在回去了。你们怎么回家呢？

Lǎo shī: Hǎo ba. Nǐ men míng tiān néng qù wǒ jiā kàn xiǎo māo ma? Wǒ men xiàn zài huí qù le. Nǐ men zěn me huí jiā ne?

Teacher: Ok. Can you come to my house to see the kitten tomorrow? We are leaving now. How are you getting home?

学生一：我和爸爸一起坐车回家。
Xué shēng yī: Wǒ hé bàba yī qǐ zuò chē huí jiā.
Student 1: My Dad is driving me home.

学生二：我和妈妈坐出租车回家。
Xué shēng èr: Wǒ hé māmā zuò chū zū chē huí jiā.
Student 2: My Mom and I are taking a taxi home.

老师：好。学生们，再见。
Lǎo shī: Hǎo. Xué shēng men, zài jiàn.
Teacher: Goodbye students.

学生一和二：老师，再见。
Xué shēng yī hè èr: Lǎo shī, zài jiàn.
Students 1 and 2: Goodbye Teacher.

[5] DO YOU HAVE MONEY TO BUY A COMPUTER?
你有钱买电脑吗？

在一个饭馆前，有三个男人在说话：

男一： 对不起，我们的饭馆十二点开。

男二： 好的。我们十二点回到这儿来吧。

男三： 我们现在去哪儿？

男二： 我们去商店看有什么东西买。十二点再回来。

男三： 你想买什么？

男二： 我家里没有电脑。我想看电脑卖多少钱。哪儿有的卖？

男一： 后面的商店有卖。

男二： 谢谢。

男一： 不客气。

男三：你现在有钱买吗？

男二：我没有钱买。

男三：那怎么买电脑呢？

男二：我不是现在买的。我爸爸昨天打电话叫我先去商店看看。这个月十五号，爸爸会给我一点儿钱买电脑的。

男三：今天是几号？

男二：今天是三月八号。

男三：七天后，你会有钱买电脑了。

男二：是的。我很高兴，七天后我有钱买了。

男三：我也想去商店买一些衣服。

男二：衣服？你不是有很多衣服吗？

男三：北京天气很冷，天天下雨，我有的衣服太少了。

男二：现在天气有点儿冷。但是四月的天气很好，会很热。

男三：我不会买很多衣服的。只买几件衣服。

男二：您会住在北京几个月？

男三： 我会住在北京三个月。我在这儿学汉语。

男二： 我家里有很多东西和衣服。您明天过来我家看。你只在这儿住三个月，如果买太多东西，是不太好的。

男三： 谢谢。

男二： 不客气。

男三： 那我明天过去你的家看，好吗？

男二： 好的。我们快一点儿去商店吧。现在是十一点三十分了。我们十二点就去饭馆。

男三： 我们怎么去商店呢？

男二： 我们坐出租车。

STATISTICS [5]

387 Total Word Count

104 Number of Unique Words

79 (52.67 %) of the 150 HSK 1 words

79 (75.96 %) of the Story comprise of the 150 HSK 1 words

89 (85.58 %) of the Story comprise of the Extended HSK 1 words

15 (14.42 %) of the Story comprise of New Words

New Words	Explanation
男 (nán)	Man, male
卖 (mài)	Sell, sale
过 (guò)	Over, cross, pass (time)
只 (zhǐ)	Only, merely, just
后 (hòu)	Back, behind, later, afterwards
快 (kuài)	Fast, quickly, soon
到 (dào)	Arrive, up to (verb complement denoting completion or result of an action)
但是 (dàn shì)	But, however
天天 (tiān tiān)	Everyday
再 (zài)	Again
话 (huà)	Spoken words speech talk words conversation

New Words	Explanation
	(说话 (Shuōhuà)– speak, talk, say)
件 (jiàn)	Piece (of clothe) (classifier for events, things, clothes etc)
如果 (rú guǒ)	If, in case, in the event that
就 (jiù)	At once, right away, as soon as, then, in that case
先 (xiān)	Prior, first, in advance

PINYIN AND TRANSLATION [5]

在一个饭馆前，有三个男人在说话：

Zài yī gè fàn guǎn qián, yǒu sān gè nán rén zài shuō huà:

In front of a restaurant, three men were talking:

男一：对不起，我们的饭馆十二点开。
Nán yī: Duì bùqǐ, wǒ men de fàn guǎn shí èr diǎn kāi.
Man 1: Sorry, our restaurant will be opening at 12 o'clock.

男二：好的。我们十二点回到这儿来吧。
Nán èr: Hǎo de. Wǒ men shí èr diǎn huí dào zhè er lái ba.
Man 2: Ok. We will be back here at twelve.

男三：我们现在去哪儿？
Nán sān: Wǒ men xiàn zài qù nǎ er?
Man 3: Where are we going now?

男二：我们去商店看有什么东西买。十二点再回来。
Nán èr: Wǒ men qù shāng diàn kàn yǒu shé me dōng xī mǎi. Shí èr diǎn zài huí lái.
Man 2: Let's go to the store and see what is going on. Come back at twelve.

男三：你想买什么？

Nán sān: Nǐ xiǎng mǎi shén me?
Man 3: What do you want to buy?

男二：我家里没有电脑。我想看电脑卖多少钱。哪儿有的卖？

Nán èr: Wǒ jiā lǐ méi yǒu diàn nǎo. Wǒ xiǎng kàn diàn nǎo mài duō shǎo qián. Nǎ èr yǒu de mài?
Man 2: I don't have a computer at home. I want to see how much is a computer. Where can I buy?

男一：后面的商店有卖。

Nán yī: Hòu miàn de shāng diàn yǒu mài.
Man 1: The store at the back.

男二：谢谢。

Nán èr: Xiè xiè.
Man 2: Thank you.

男一：不客气。

Nán yī: Bù kè qì.
Man 1: You are welcome.

男三：你现在有钱买吗？

Nán sān: Nǐ xiàn zài yǒu qián mǎi ma?

Man 3: Do you have money to buy now?

男二：我没有钱买。

Nán èr: Wǒ méi yǒu qián mǎi.

Man 2: I have no money to buy.

男三：那怎么买电脑呢？

Nán sān: Nà zěn me mǎi diàn nǎo ne?

Male 3: How are you going to buy a computer?

男二：我不是现在买的。我爸爸昨天打电话叫我先去商店看看。这个月十五号，爸爸会给我一点儿钱买电脑的。

Nán èr: Wǒ bù shì xiàn zài mǎi de. Wǒ bàba zuó tiān dǎ diàn huà jiào wǒ xiān qù shāng diàn kàn kàn. Zhè ge yuè shí wǔ hào, bàba huì gěi wǒ yī diǎn er qián mǎi diàn nǎo de.

Man 2: I am not going to buy it now. My dad called me yesterday and asked me to go to the store to have a look. On the 15th of this month, Dad will give me some money to buy a computer.

男三：今天是几号？

Nán sān: Jīn tiān shì jǐ hào?

Man 3: What is today's date?

男二：今天是三月八号。

Nán èr: Jīn tiān shì sān yuè bā hào.

Man 2: Today is March 8.

男三：七天后，你会有钱买电脑了。
Nán sān: Qī tiān hòu, nǐ huì yǒu qián mǎi diàn nǎo le.
Man 3: You will have money to buy a computer in 7 days.

男二：是的。我很高兴，七天后我有钱买了。
Nán èr: Shì de. Wǒ hěn gāo xìng, qī tiān hòu wǒ yǒu qián mǎi le.
Man 2: Yes. I am very happy that I will have money to buy it in 7 days.

男三：我也想去商店买一些衣服。
Nán sān: Wǒ yě xiǎng qù shāng diàn mǎi yī xiē yī fú.
Man 3: I also want to go to the store to buy some clothes.

男二：衣服？你不是有很多衣服吗？
Nán èr: Yī fú? Nǐ bù shì yǒu hěn duō yī fú ma?
Man 2: Clothes? Don't you have a lot of clothes?

男三：北京天气很冷，天天下雨，我有的衣服太少了。
Nán sān: Běijīng tiān qì hěn lěng, tiān tiān xià yǔ, wǒ yǒu de yīfú tài shǎole.
Man 3: Beijing is very cold and rains every day, I have too few clothes.

男二： 现在天气有点儿冷。但是四月的天气很好，会很热。

Nán èr: Xiàn zài tiān qì yǒu diǎn er lěng. Dàn shì sì yuè de tiān qì hěn hǎo, huì hěn rè.
Man 2: The weather is a bit cold now. But the weather in April is very good and it will be very hot.

男三： 我不会买很多衣服的。只买几件衣服。

Nán sān: Wǒ bù huì mǎi hěn duō yī fú de. Zhǐ mǎi jǐ jiàn yīfú.
Man 3: I won't buy a lot of clothes. Will just buy a few pieces.

男二： 您会住在北京几个月？

Nán èr: Nín huì zhù zài běijīng jǐ gè yuè?
Man 2: How many months will you be staying in Beijing?

男三： 我会住在北京三个月。我在这儿学汉语。

Nán sān: Wǒ huì zhù zài běijīng sān gè yuè. Wǒ zài zhè er xué hàn yǔ.
Man 3: I will be staying in Beijing for 3 months. I am learning Chinese here.

男二： 我家里有很多东西和衣服。您明天过来我家看。你只在这儿住三个月，如果买太多东西，是不太好的。

Nán èr: Wǒ jiā li yǒu hěn duō dōng xī hé yī fú. Nín míng tiān guò lái wǒ jiā kàn. Nǐ zhǐ zài zhè'er zhù sān gè yuè, rú guǒ mǎi tài duō dōng xī, shì bù tài hǎo de.

Man 2: I have a lot of things and clothes in my house. You should come to my house tomorrow to take a look. You will only be staying here for 3 months. It is not very good to buy too many things.

男三：谢谢。
Nán sān: Xièxiè.
Man 3: Thank you.

男二：不客气。
Nán èr: Bù kè qì.
Man 2: You are welcome.

男三： 那我明天过去你的家看，好吗？
Nán sān: Nà wǒ míng tiān guò qù nǐ de jiā kàn, hǎo ma?
Man 3: Then I will go to your house tomorrow, ok?

男二：好的。我们快一点儿去商店吧。现在是十一点三十分了。我们十二点就去饭馆。
Nán èr: Hǎo de. Wǒ men kuài yī diǎn er qù shāng diàn ba. Xiàn zài shì shí yī diǎn sān shí fēn le. Wǒ men shí èr diǎn jiù qù fàn guǎn.
Man 2: Ok. Let's go to the store. It is 11:30 now. We have to be at the restaurant at 12.

男三：我们怎么去商店呢？

Nán sān: Wǒ men zěn me qù shāng diàn
Man 3: How are we getting to the store?

男二： 我们坐出租车。
Nán èr: Wǒ men zuò chū zū chē.
Man 2: We will take a taxi.

with Mum
去商店

我在家里睡觉。妈妈叫我去商店买些东西。我说,天气很冷,也在下雨,我不想出去。但是妈妈说,六月六号是爸爸的生日。我们今天去商店买些东西给爸爸过生日,爸爸会很高兴的。

我说六月六号是三天后。我们快一点儿去商店看有什么爸爸会喜欢的东西。十点了,我和妈妈坐出租车一起去商店。

商店里有很多东西卖。我看见了很多我想买的东西。但是妈妈说她的钱不多,很多东西都买不了。

我们看见了很多很大的苹果。我很想吃大苹果。妈妈买了几个大苹果给我吃。妈妈在商店里看东西,我很高兴的在那儿吃了几个大苹果。

我问妈妈有没有看见想买给爸爸的东西?她说看了三十分钟也还没看见她想买的。她说我们去后面的商店看看。

我在店里看见了一只很漂亮的狗和猫。我叫妈妈来看那只狗和那只猫。我说爸爸很喜欢狗，我想买一只狗给爸爸，他会很高兴的。但是妈妈说她不喜欢狗。我说爸爸也喜欢猫，但是妈妈说她不喜欢。妈妈不喜欢狗和猫，所以我们没买狗和猫了。

看了二十分钟后，我们没看见爸爸会喜欢的东西，所以我问妈妈现在怎么样？妈妈说我们先去前面的商店看看。

在那儿，我看见我的老师买了一只很漂亮的狗。我想过去看他的狗。但是妈妈说现在是十二点三十分了，我们快一点儿回家。她想回家做饭。她说明天我们再来这儿看吧。

我说，我看见老师买了一只很漂亮的狗，我很想过去看看。她说爸爸快回家了，我们明天再来看老师的狗吧。我说我只看十分钟，很快的。妈妈都说不能。我不高兴的和她一起回家了。妈妈说我不能不听她的话。我什么都不能做了。爸爸，对不起，我们今天没买东西给你过生日了。

STATISTICS [6]

472 Total Word Count

102 Number of Unique Words

75 (50.0 %) of the 150 HSK 1 words

75 (73.53 %) of the Story comprise of the 150 HSK 1 words

88 (86.27 %) of the Story comprise of the Extended HSK 1 words

14 (13.73 %) of the Story comprise of New Words

New Words	Explanation
只(zhǐ)	Only, merely, just, classifier for dogs, cats, birds and certain animals
快 (kuài)	Fast, quickly, soon
但是(dàn shì)	But, however
过 (guò)	Over, cross, pass (time)
生日 (shēng rì)	Birthday
再 (zài)	Again
后 (hòu)	Back, behind, later, afterwards
所以 (suǒ yǐ)	Therefore, as a result, so, the reason why
话 (huà)	Spoken words speech talk words conversation (说话 (Shuōhuà)– speak, talk, say)
还 (hái)	Also, still, yet

New Words	**Explanation**
见 (jiàn)	See, meet
起来 (qǐlái)	Get up
卖 (mài)	Sell, sale
先 (xiān)	Prior, first, in advance

Pinyin and Translation [6]

在一个星期六的上午九点，我在家里睡觉。妈妈叫我快一点儿起来，和她一起去商店买些东西。我说，天气很冷，也在下雨，我不想出去。但是妈妈说，六月六号是爸爸的生日。我们今天去商店买些东西给爸爸过生日，爸爸会很高兴的。

Zài yī gè xīng qí liù de shàng wǔ jiǔ diǎn, wǒ zài jiā lǐ shuì jiào. Māmā jiào wǒ kuài yī diǎn er qǐ lái, hé tā yīqǐ qù shāng diàn mǎi xiē dōng xī. Wǒ shuō, tiān qì hěn lěng, yě zài xià yǔ, wǒ bù xiǎng chū qù. Dàn shì māmā shuō, liù yuè liù hào shì bàba de shēng rì. Wǒ men jīn tiān qù shāng diàn mǎi xiē dōng xī gěi bàba guò shēng rì, bàba huì hěn gāo xìng de.

At 9 am on a Saturday, I was sleeping at home. Mom told me to quickly get up and go to the store with her to buy something. I said that the weather is freezing and it is raining. I don't want to go out. But Mom said June 6th is Dad's birthday. We will go to the store today to buy something for Dad's birthday, Dad will be very pleased.

我说六月六号是三天后。我们快一点儿去商店看有什么爸爸会喜欢的东西。十点了，我和妈妈坐出租车一起去商店。

Wǒ shuō liù yuè liù hào shì sān tiān hòu. Wǒ men kuài yī diǎn er qù shāng diàn kàn yǒu shé me bàba huì xǐhuān de dōng xī. Shí diǎn le, wǒ hé māmā zuò chū zū chē yīqǐ qù shāng diàn.

I said June 6 is three days later. Let's go to the store now to get something Dad would like. At ten o'clock, Mom and I took a taxi to the store.

商店里有很多东西卖。我看见了很多我想买的东西。但是妈妈说她的钱不多，很多东西都买不了。

Shāng diàn li yǒu hěn duō dōng xī mài. Wǒ kàn jiàn le hěn duō wǒ xiǎng mǎi de dōng xī. Dàn shì māmā shuō tā de qián bù duō, hěn duō dōng xī dōu mǎi bù liǎo.

There are a lot of things for sale in the store. I saw a lot of things that I wanted to buy. But Mom said that she doesn't have much money, so we can't buy a lot of things.

我们看见了很多很大的苹果。我很想吃大苹果。妈妈买了几个大苹果给我吃。妈妈在商店里看东西，我很高兴的在那儿吃了几个大苹果。

Wǒ men kàn jiàn le hěn duō hěn dà de píng guǒ. Wǒ hěn xiǎng chī dà píng guǒ. Māmā mǎi le jǐ gè dà píng guǒ gěi wǒ chī. Māmā zài shāng diàn lǐ kàn dōng xī, wǒ hěn gāo xìng de zài nà er chī le jǐ gè dà píng guǒ.

We saw a lot of big apples. I wanted to have some big apples. Mom bought a few big apples for me to eat. I happily ate a few big apples as Mom was looking at things in the store.

我问妈妈有没有看见想买给爸爸的东西？她说看了三十分钟也还没看见她想买的。她说我们去后面的商店看看。

Wǒ wèn māmā yǒu méi yǒu kàn jiàn xiǎng mǎi gěi bàba de dōng xī? Tā shuō kàn le sān shí fēn zhōng yě hái méi kàn jiàn tā xiǎng mǎi de. Tā shuō wǒ men qù hòu miàn de shāng diàn kàn kàn.

I asked my mother if she saw anything she wanted to buy for Dad? She said after 30 minutes, she still hadn't seen anything that she wanted to buy. She said that we should go to the store at the back to have a look.

我在店里看见了一只很漂亮的狗和猫。我叫妈妈来看那只狗和那只猫。我说爸爸很喜欢狗，我想买一只狗给爸爸，他会很高兴的。但是妈妈说她不喜欢狗。我说爸爸也喜欢猫，但是妈妈说她不喜欢。妈妈不喜欢狗和猫，所以我们没买狗和猫了。

Wǒ zài diàn lǐ kàn jiàn le yī zhī hěn piào liang de gǒu hé māo. Wǒ jiào māmā lái kàn nà zhī gǒu hé nà zhī māo. Wǒ shuō bàba hěn xǐ huān gǒu, wǒ xiǎng mǎi yī zhī gǒu gěi bàba, tā huì hěn gāo xìng de. Dàn shì māmā shuō tā bù xǐ huān gǒu. Wǒ shuō bàba yě xǐ huān māo, dàn shì māmā shuō tā bù xǐ huān. Māmā bù xǐ huān gǒu hé māo, suǒ yǐ wǒ men méi mǎi gǒu hé māo le.

I saw a beautiful dog and cat in the store. I asked Mom to have a look at the dog and the cat. I said that Dad likes dogs very much. I want to buy a dog for Dad. He will be pleased. But mom said she doesn't like dogs. I said that Dad also loves cats, but Mom said she doesn't like it. Mom doesn't like dogs and cats, so we didn't buy the dogs and cats.

看了二十分钟后，我们没看见爸爸会喜欢的东西，所以我问妈妈现在怎么样？妈妈说我们先去前面的商店看看。

Kàn le èr shí fēn zhōng hòu, wǒ men méi kàn jiàn bàba huì xǐ huān de dōng xī, suǒ yǐ wǒ wèn māmā xiàn zài zěn me yàng? Māmā shuō wǒmen xiān qù qián miàn de shāng diàn kàn kàn.

After browsing at the store for twenty minutes, we didn't see anything that Dad would like, so I asked Mom what do we do now? Mom said that we should go to the store at the front to have a look.

在那儿，我看见我的老师买了一只很漂亮的狗。我想过去看他的狗。但是妈妈说现在是十二点三十分了，我们快一点儿回家。她想回家做饭。她说明天我们再来这儿看吧。

Zài nà er, wǒ kàn jiàn wǒ de lǎo shī mǎi le yī zhǐ hěn piào liang de gǒu. Wǒ xiǎng guò qù kàn tā de gǒu. Dàn shì māmā shuō xiàn zài shì shí èr diǎn sān shí fēn le, wǒ men kuài yī diǎn er huí jiā. Tā xiǎng huí jiā zuò fàn. Tā shuō míng tiān wǒ men zài lái zhè er kàn ba.

Over there, I saw my teacher bought a beautiful dog. I wanted to see his dog, but Mom said that it is already 12.30, and we should go home soon. She wants to go back to cook. She said that we could come here again.

我说，我看见老师买了一只很漂亮的狗，我很想过去看看。她说爸爸快回家了，我们明天再来看老师的狗吧。我说我只看十分钟，很快的。妈妈都说不能。我不高兴的和她一起回家了。妈妈说我不能不听她的话。我什么都不能做了。爸爸，对不起，我们今天没买东西给你过生日了。

Wǒ shuō, wǒ kàn jiàn lǎo shī mǎi le yī zhǐ hěn piào liang de gǒu, wǒ hěn xiǎng guò qù kàn kàn. Tā shuō bàba kuài huí jiā le, wǒ men míng tiān zài lái kàn lǎo shī de gǒu ba. Wǒ shuō wǒ zhǐ kàn shí fēn zhōng, hěn kuài de. Māmā dōu shuō bu néng. Wǒ bù gāo xìng de hé tā yī qǐ huí jiā le. Māmā shuō wǒ bù néng bù tīng tā de huà. Wǒ shén me dōu bù néng zuò le.

Bàba, duì bù qǐ, wǒ men jīn tiān méi mǎi dōng xī gěi nǐ guò shēng rì le.

I said I saw my teacher bought a beautiful dog, and I wanted to see it. She said that Dad is going home soon, and we will come back tomorrow to see the teacher's dog. I said that it would only be 10 minutes, very fast. Mom still said no. I am not happy to go home with her. Mom said that I should listen to her. So, there is nothing that I can do. Dad, sorry, we didn't buy anything for your birthday today.

[7] WATCHING MOVIES AND TV WITH FRIENDS

和朋友看电影，看电视

我很喜欢看电影。也很喜欢看电视。我有一个好朋友，她的名字叫小喜。她喜欢看电视，不喜欢看电影。我也有一个好朋友，他的名字叫小亮。他很喜欢看电影，不喜欢看电视。

今天中午，我和小亮一起去看电影。小喜在她家里看电视。我爸爸给我多一点儿钱买东西吃。我喜欢看电影的时候吃东西。但是小亮说他看电影不吃东西。他说他的爸爸给他很少钱看电影，没钱买东西吃。

我说我有钱。我想去买一点儿东西吃。我们看电影的时候一起吃。他听到我的话后很高兴的说，"我们现在就一起去商店买东西吃了。"

爸爸说，看了电影后，我和朋友一起在家里看电视。我和小亮一起在家看电视。小喜也一起来我家看电视。

小亮很喜欢我的狗。狗的名字叫小五。小五有今年八岁了，是爸爸在妈妈的生日买给她的。小五很喜欢吃苹果。妈妈昨天买了很多苹果。小亮给小五吃一点苹果。吃了苹果后，小五就坐在椅子上一起和我们看电视了。

妈妈做好饭了，叫我们来吃饭。爸爸，妈妈，小亮，小喜和我一起吃饭。爸爸和妈妈很喜欢吃饭的时候喝茶。小亮和小喜不喜欢喝茶。我也不喜欢喝茶。我们只喝水。吃了饭后，小亮和小喜就回家了。

爸爸和我坐在椅子上看电视。我问爸爸，"我们能坐飞机去北京吗。"爸爸说我长大的时候能坐飞机。我说小喜明天就坐飞机去北京了，我也想坐飞机。但是爸爸没有说什么。

我很想现在坐飞机所以我去问妈妈。但是妈妈说，"对不起儿子，爸爸说过不能坐飞机，我也不能做什么。儿子，你听爸爸的话，不再问爸爸太多了。如果你再问，爸爸会不高兴的。"

我看爸爸和妈妈是很爱我的。他们买很多东西给我也给我钱去看电影。我很高兴有爸爸妈妈的爱。不坐飞机也没关系了。

STATISTICS [7]

448 Total Word Count

97 Number of Unique Words

73 (48.67 %) of the 150 HSK 1 words

73 (75.26 %) of the Story comprise of the 150 HSK 1 words

82 (84.54 %) of the Story comprise of the Extended HSK 1 words

15 (15.46 %) of the Story comprise of New Words

New Words	Explanation
小亮 (Xiǎo Liàng)	Name of a person
小喜 (Xiǎo Xǐ)	Name of a person
小五 (Xiǎo Wǔ)	Name of person
就 (jiù)	at once, right away, as soon as, then, in that case
但是(dàn shì)	But, however
再 (zài)	Again
话 (huà)	Spoken words speech talk words conversation (说话 (Shuōhuà)– speak, talk, say)
只(zhǐ)	Only, merely, just, classifier for dogs, cats, birds and certain animals
他们 (tāmen)	They

New Words	Explanation
长大 (zhǎng dà)	Grow up
过 (guò)	Over, cross, pass (time)
到 (dào)	Arrive, up to (verb complement denoting completion or result of an action)
如果 (rú guǒ)	If, in case, in the event that
所以 (suǒ yǐ)	Therefore, as a result, so, the reason why
生日 (shēng rì)	Birthday

Pinyin and Translation [7]

我很喜欢看电影。也很喜欢看电视。我有一个好朋友，她的名字叫小喜。她喜欢看电视，不喜欢看电影。我也有一个好朋友，他的名字叫小亮。他很喜欢看电影，不喜欢看电视。

Wǒ hěn xǐ huān kàn diàn yǐng. Yě hěn xǐ huān kàn diàn shì. Wǒ yǒu yī gè hǎo péng yǒu, tā de míng zì jiào xiǎo xǐ. Tā xǐ huān kàn diàn shì, bù xǐ huān kàn diàn yǐng. Wǒ yě yǒu yī gè hǎo péng yǒu, tā de míng zì jiào xiǎo liàng. Tā hěn xǐ huān kàn diàn yǐng, bù xǐ huān kàn diàn shì.

I like watching movies. I also like watching TV. I have a good friend, and her name is Xiao Xi. She likes to watch TV and doesn't like watching movies. I also have a good friend, and his name is Xiao Liang. He likes to watch movies and doesn't like watching TV.

今天中午，我和小亮一起去看电影。小喜在她家里看电视。我爸爸给我多一点儿钱买东西吃。我喜欢看电影的时候吃东西。但是小亮说他看电影不吃东西。他说他的爸爸给他很少钱看电影，没钱买东西吃。

Jīn tiān zhōng wǔ, wǒ hé xiǎo liàng yī qǐ qù kàn diàn yǐng. Xiǎo Xī zài tā jiā lǐ kàn diàn shì. Wǒ bàba gěi wǒ duō yī diǎn er qián mǎi dōng xī chī. Wǒ xǐ huān kàn diàn yǐng de shí hòu chī dōng xī. Dàn shì xiǎo liàng shuō tā kàn diàn yǐng bù chī dōng xī. Tā shuō tā de bàba gěi tā hěn shǎo qián kàn diàn yǐng, méi qián mǎi dōng xī chī.

At noon today, I went to see a movie with Xiao Liang. Xiao Xi was watching TV at her house. My father gave me some money to buy something to eat. I like to eat when I watch a movie. But Xiao Liang said that he does not eat when he watches movies. He said that his father gave him very little money to watch movies and had no money to buy things to eat.

我说我有钱。我想去买一点儿东西吃。我们看电影的时候一起吃。他听到我的话后很高兴的说,"我们现在就一起去商店买东西吃了。"

Wǒ shuō wǒ yǒu qián. Wǒ xiǎng qù mǎi yī diǎn er dōng xī chī. Wǒ men kàn diàn yǐng de shí hòu yī qǐ chī. Tā tīng dào wǒ de huà hòu hěn gāo xìng de shuō,"wǒ men xiàn zài jiù yī qǐ qù shāng diàn mǎi dōng xī chī le".

I said that I have the money. I want to buy something to eat. We eat together when we watch the movie. He was pleased after hearing what I said, "Let's go to the store together to buy now."

爸爸说,看了电影后,我和朋友一起在家里看电视。我和小亮一起在家看电视。小喜也一起来我家看电视。

Bàba shuō, kàn le diàn yǐng hòu, wǒ hé péng yǒu yī qǐ zài jiā lǐ kàn diàn shì. Wǒ hé xiǎo liàng yī qǐ zài jiā kàn diàn shì. Xiǎo Xǐ yě yī qǐ lái wǒ jiā kàn diàn shì.

Dad said that after watching the movie, I can watch TV at home with my friends. I watched TV at home with Xiao Liang. Xiao Xi also came to my house to watch TV.

小亮很喜欢我的狗。狗的名字叫小五。小五有今年八岁了，是爸爸在妈妈的生日买给她的。小五很喜欢吃苹果。妈妈昨天买了很多苹果。小亮给小五吃一点苹果。吃了苹果后，小五就坐在椅子上一起和我们看电视了。

Xiǎo Liàng hěn xǐ huān wǒ de gǒu. Gǒu de míng zì jiào xiǎo wǔ. Xiǎo Wǔ yǒu jīn nián bā suì le, shì bàba zài māmā de shēng rì mǎi gěi tā de. Xiǎo Wǔ hěn xǐ huān chī píng guǒ. Māmā zuó tiān mǎi le hěn duō píng guǒ. Xiǎo Liàng gěi xiǎo wǔ chī yī diǎn píng guǒ. Chī le píng guǒ hòu, xiǎo wǔ jiù zuò zài yǐ zi shàng yī qǐ hé wǒ men kàn diàn shì le.

Xiao Liang likes my dog very much. The name of the dog is Xiao Wu. Xiao Wu is eight years old this year, and Dad bought him on Mom's birthday. Xiao Wu likes to eat apples. Mom bought a lot of apples yesterday. Xiao Liang gave Xiao Wu some apples. After eating the apples, Xiao Wu sat on the chair and watched TV with us.

妈妈做好饭了，叫我们来吃饭。爸爸，妈妈，小亮，小喜和我一起吃饭。爸爸和妈妈很喜欢吃饭的时候喝茶。小亮和小喜不喜欢喝茶。我也不喜欢喝茶。我们只喝水。吃了饭后，小亮和小喜就回家了。

Māmā zuò hǎo fàn le, jiào wǒ men lái chī fàn. Bàba, māmā, xiǎo liàng, xiǎo xǐ hé wǒ yī qǐ chī fàn. Bàba hé māmā hěn xǐ huān chī fàn de shí hòu hē chá. Xiǎo Liàng hé xiǎo xǐ bù xǐ huān hē chá. Wǒ yě bù xǐ huān hē chá. Wǒ men zhǐ hē shuǐ. Chī le fàn hòu, xiǎo liàng hé xiǎo xǐ jiù huí jiā le.

Mom cooked and told us to eat. Dad, Mom, Xiao Liang, Xiao Xi and I all have dinner together. Dad and Mom like to drink tea when they eat. Xiao Liang and Xiao Xi do not like to drink tea. I also don't like to drink tea. We only drank water. After eating, Xiao Liang and Xiao Xi went home.

爸爸和我坐在椅子上看电视。我问爸爸，"我们能坐飞机去北京吗。"爸爸说我长大的时候能坐飞机。我说小喜明天就坐飞机去北京了，我也想坐飞机。但是爸爸没有说什么。

Bàba hé wǒ zuò zài yǐ zi shàng kàn diàn shì. Wǒ wèn bàba, "wǒ men néng zuò fēi jī qù běijīng ma". Bàba shuō wǒ zhǎng dà de shí hòu néng zuò fēi jī. Wǒ shuō xiǎo xǐ míng tiān jiù zuò fēi jī qù běijīng le, wǒ yě xiǎng zuò fēi jī. Dàn shì bàba méi yǒu shuō shén me.

Dad and I were sitting on a chair watching TV. I asked Dad, "Can we fly to Beijing?" Dad said that I could fly when I grow up. I said Xiao Xi would be flying to Beijing tomorrow, and I also want to fly. But Dad didn't say anything.

我很想现在坐飞机所以我去问妈妈。但是妈妈说，"对不起儿子，爸爸说过不能坐飞机，我也不能做什么。儿子，你听爸爸的话，不再问爸爸太多了。如果你再问，爸爸会不高兴的。"

Wǒ hěn xiǎng xiàn zài zuò fēi jī suǒ yǐ wǒ qù wèn māmā. Dàn shì māmā shuō,"duì bù qǐ ér zi, bàba shuō guò bu néng zuò fēi jī, wǒ yě bù néng zuò shén me. Ér zi, nǐ tīng bàba de huà, bù zài wèn bàba tài duō le. Rú guǒ nǐ zài wèn, bàba huì bù gāo xìng de".

I really want to fly now, so I asked Mom. But Mom said, "I am sorry, my son. Dad said that you can't fly. I can't do anything. Son, please listen to your Dad and don't ask your Dad anymore. If you ask again, Dad will be upset."

我看爸爸和妈妈是很爱我的。他们买很多东西给我也给我钱去看电影。我很高兴有爸爸妈妈的爱。不坐飞机也没关系了。

Wǒ kàn bàba hé māmā shì hěn ài wǒ de. Tā men mǎi hěn duō dōng xī gěi wǒ yě gěi wǒ qián qù kàn diàn yǐng. Wǒ hěn gāo xìng yǒu bàba māmā de ài. Bù zuò fēi jī yě méi guān xì le.

I know that my Dad and Mom love me very much. They bought a lot of things for me and gave me money to go to the movies. I am very happy to have the love of my Dad and Mom. It doesn't matter if I can't fly anywhere.

[8] MADE IN CHINA
在中国买的杯子

女人：您在做什么？

男人：您看，桌子上有几个杯子？

女人：桌子上有十二个杯子。

男人：哪儿来这么多杯子？

女人：我在中国买的。漂亮吗？

男人：很漂亮。多少钱？

女人：不是很多。十二个杯子只是九十块。

男人：您是怎么样去中国呢？

女人：我是坐飞机去的。

男人：您去中国只买杯子吗？

女人：不是。我在北京学习汉语。回来的时候我看见这些很漂亮的杯子。我很喜欢这些杯子的，所以买了。

男人：您在中国的时侯住在哪儿？

女人：我住在朋友的家里。

男人：您在那儿住几多个月？

女人：我在中国住了四个月。

男人：您现在能说汉语吗？

女人：我能说一点汉语。不能写汉字。

男人：您会再去中国吗？

女人：我会再去中国住几个月。

男人：您能买多一点儿杯子回来吗？我看妈妈会很喜欢这些杯子的。

女人：好的。我在中国多买一点儿杯子吧。

男人：这是什么？

女人：是我在中国买的汉语书。您会看汉语书吗？

男人：我会听汉语，不会说也不能读汉字。

女人：您想和我一起去中国学习汉语吗？我们坐飞机一起去。

男人：我很想去中国学习汉语的。我也很喜欢坐飞机。

女人：那我们一起去，好吗？

男人：好。我们一起去。

女人：太好了。

STATISTICS [8]

319 Total Word Count

80 Number of Unique Words

67 (44.67 %) of the 150 HSK 1 words

67 (83.75 %) of the Story comprise of the 150 HSK 1 words

74 (92.5 %) of the Story comprise of the Extended HSK 1 words

6 (7.5 %) of the Story comprise of New Words

New Words	**Explanation**
女 (nǚ)	Woman, Female
男 (nán)	Man, Male
再 (zài)	Again
只(zhǐ)	Only, merely, just, classifier for dogs, cats, birds and certain animals
时侯 (shí hóu)	Time
所以 (suǒ yǐ)	Therefore, as a result, so, the reason why

Pinyin and Translation [8]

女人：您在做什么？
Nǚ rén: Nín zài zuò shén me?
Woman: What are you doing?

男人：您看，桌子上有几个杯子？
Nán rén: Nín kàn, zhuō zi shàng yǒu jǐ gè bēi zi?
Man: Look, how many cups are there on the table?

女人：桌子上有十二个杯子。
Nǚ rén: Zhuō zi shàng yǒu shí èr gè bēi zi.
Woman: There are twelve cups on the table.

男人：哪儿来这么多杯子？
Nán rén: Nǎ er lái zhè me duō bēi zi?
Man: Why are there so many cups?

女人：我在中国买的。漂亮吗？
Nǚ rén: Wǒ zài zhōng guó mǎi de. Piào liang ma?
Woman: I bought them in China. Aren't they nice?

男人：很漂亮。多少钱？
Nán rén: Hěn piào liang. Duō shǎo qián?

Man: Very nice. How much is it?

女人：不是很多。十二个杯子只是九十块。
Nǚ rén: Bù shì hěn duō. Shí èr gè bēi zi zhǐ shì jiǔ shí kuài.
Woman: Not a lot. Twelve cups for 90 dollars only.

男人：您是怎么样去中国呢？
Nán rén: Nín shì zěn me yàng qù zhōng guó ne?
Man: How did you go to China?

女人：我是坐飞机去的。
Nǚ rén: Wǒ shì zuò fēi jī qù de.
Woman: I flew there by plane.

男人：您去中国只买杯子吗？
Nán rén: Nín qù zhōng guó zhǐ mǎi bēi zi ma?
Man: You went to China just to buy the cups?

女人：不是。我在北京学习汉语。回来的时候我看见这些很漂亮的杯子。我很喜欢这些杯子的，所以买了。
Nǚ rén: Bù shì. Wǒ zài běijīng xué xí hàn yǔ. Huí lái de shí hòu wǒ kàn jiàn zhè xiē hěn piào liang de bēi zi. Wǒ hěn xǐ huān zhè xiē bēi zi de, suǒ yǐ mǎi le.
Woman: No. I was studying Chinese in Beijing. On the way back, I saw these very nice cups. I really like these cups, so I bought them.

男人：您在中国的时候住在哪儿？
Nán rén: Nín zài zhōng guó de shí hóu zhù zài nǎ er?
Man: Where did you live while in China?

女人：我住在朋友的家里。
Nǚ rén: Wǒ zhù zài péng yǒu de jiā lǐ.
Woman: I stayed at a friend's house.

男人：您在那儿住几多个月？
Nán rén: Nín zài nà er zhù jǐ duō gè yuè?
Man: How many months have you been there?

女人：我在中国住了四个月。
Nǚ rén: Wǒ zài zhōng guó zhù le sì gè yuè.
Woman: I have lived in China for four months.

男人：您现在能说汉语吗？
Nán rén: Nín xiàn zài néng shuō hàn yǔ ma?
Man: Can you speak Chinese now?

女人：我能说一点汉语。不能写汉字。
Nǚ rén: Wǒ néng shuō yī diǎn hànyǔ. Bù néng xiě hàn zì.
Woman: I can speak a little Chinese. Can't write Chinese characters.

男人：您会再去中国吗？

Nán rén: Nín huì zài qù zhōng guó ma?

Man: Will you go to China again?

女人：我会再去中国住几个月。

Nǚ rén: Wǒ huì zài qù zhōng guó zhù jǐ gè yuè.

Woman: I will go to China again for a few more months.

男人：您能买多一点儿杯子回来吗？我看妈妈会很喜欢这些杯子的。

Nán rén: Nín néng mǎi duō yī diǎn er bēi zǐ huí lái ma? Wǒ kàn māmā huì hěn xǐ huān zhè xiē bēi zi de.

Man: Can you buy some more cups back? I think my Mom would like these cups very much.

女人：好的。我在中国多买一点儿杯子吧。

Nǚ rén: Hǎo de. Wǒ zài zhōng guó duō mǎi yī diǎn er bēi zi ba.

Woman: Ok. I will buy more cups in China.

男人：这是什么？

Nán rén: Zhè shì shén me?

Man: What is this?

女人：是我在中国买的汉语书。您会看汉语书吗？

Nǚ rén: Shì wǒ zài zhōng guó mǎi de hàn yǔ shū. Nín huì kàn hàn yǔ shū ma?
Woman: It is a Chinese book I bought in China. Can you read Chinese books?

男人：我会听汉语，不会说也不能读汉字。
Nán rén: Wǒ huì tīng hàn yǔ, bù huì shuō yě bù néng dú hàn zì.
Man: I understand Chinese. I can't speak in Chinese or read Chinese characters.

女人：您想和我一起去中国学习汉语吗？我们坐飞机一起去。
Nǚ rén: Nín xiǎng hé wǒ yī qǐ qù zhōng guó xué xí hàn yǔ ma? Wǒ men zuò fēi jī yī qǐ qù.
Woman: Do you want to go to China to study Chinese with me? We can fly there by plane.

男人：我很想去中国学习汉语的。我也很喜欢坐飞机。
Nán rén: Wǒ hěn xiǎng qù zhōng guó xué xí hàn yǔ de. Wǒ yě hěn xǐ huān zuò fēi jī.
Man: I really want to go to China to learn Chinese. I also like to fly.

女人：那我们一起去，好吗？
Nǚ rén: Nà wǒ men yī qǐ qù, hǎo ma?
Woman: Then let's go together, ok?

男人：好。我们一起去。
Nán rén: Hǎo. Wǒ men yī qǐ qù.
Man: Ok. Let's go together.

女人：太好了。
Nǚ rén: Tài hǎo le.
Woman: Great.

[9] PRETTY WOMEN
漂亮的女人

女人：你看她的衣服，漂亮吗？

男人：谁？哪儿？我看不见。

女人：在那儿。在妈妈的前面。

男人：她是谁？你认识她吗？

女人：我认识她。她是我的同学。我们在中国一起学汉语的。

男人：她叫什么名字？

女人：她的名字是小喜。你看见她后面的人吗？那也是我的同学。她也很漂亮。

男人：你的同学都很漂亮。我想去你的学校和你一起学汉语了。

女人：太好了。我们一起学汉语吧。

男人：我想认识多一点儿漂亮的同学。看来，你学校里有很多漂亮的学生。

女人：我的学校里没有很多漂亮的学生。我看，只有三四个漂亮的。你说，我漂亮吗？

男人：你很漂亮！

女人：太好了。你能和我一起去买一点儿漂亮的衣服吗？

男人：但是我想今天去医院看医生。我们明天一起去商店，好吗？

女人：好吧。你怎么去医院呢？

男人：我坐出租车去。

女人：今天我开车，我们一起去医院吧？

男人：谢谢。

女人：不客气。

男人：我们什么时候去呢？

女人：下午我和朋友去看电影。我们现在就去医院。医院开了吗？

男人：医院上午十点开的。

女人：好，我们现在去。

STATISTICS [9]

271 Total Word Count

81 Number of Unique Words

67 (44.67 %) of the 150 HSK 1 words

67 (82.72 %) of the Story comprise of the 150 HSK 1 words

75 (92.59 %) of the Story comprise of the Extended HSK 1 words

6 (7.41 %) of the Story comprise of New Words

New Words	Explanation
女 (nǚ)	Woman, Female
男 (nán)	Man, Male
小喜 (Xiǎo Xǐ)	Name of a person
就 (jiù)	at once, right away, as soon as, then, in that case
但是 (dàn shì)	But, however
只 (zhǐ)	Only, merely, just, classifier for dogs, cats, birds and certain animals

PINYIN AND TRANSLATION [9]

女人：你看她的衣服，漂亮吗？
Nǚ rén: Nǐ kàn tā de yī fú, piào liang ma?
Woman: Look at her clothes, is it beautiful?

男人：谁？哪儿？我看不见。
Nán rén: Shéi? Nǎ èr? Wǒ kàn bù jiàn.
Man: Who? Where? I can't see it.

女人：在那儿。在妈妈的前面。
Nǚ rén: Zài nà er. Zài māmā de qián miàn.
Woman: There. In front of Mom.

男人：她是谁？你认识她吗？
Nán rén: Tā shì shéi? Nǐ rèn shì tā ma?
Man: Who is she? Do you know her?

女人：我认识她。她是我的同学。我们在中国一起学汉语的。
Nǚ rén: Wǒ rèn shì tā. Tā shì wǒ de tóng xué. Wǒ men zài zhōng guó yī qǐ xué hàn yǔ de.
Woman: I know her. She is my classmate. We learn Chinese together in China.

男人：她叫什么名字？

Nán rén: Tā jiào shén me míng zì?
Man: What is her name?

女人：她的名字是小喜。你看见她后面的人吗？那也是我的同学。她也很漂亮。

Nǚ rén: Tā de míng zì shì xiǎo xǐ. Nǐ kàn jiàn tā hòu miàn de rén ma? Nà yě shì wǒ de tóng xué. Tā yě hěn piào liang.
Woman: Her name is Xiao Xi. Do you see the person behind her? That is also my classmate. She is also very beautiful.

男人：你的同学都很漂亮。我想去你的学校和你一起学汉语了。

Nán rén: Nǐ de tóng xué dōu hěn piào liang. Wǒ xiǎng qù nǐ de xué xiào hé nǐ yī qǐ xué hàn yǔ le.
Man: Your classmates are very beautiful. I want to go to your school to learn Chinese with you.

女人：太好了。我们一起学汉语吧。

Nǚ rén: Tài hǎo le. Wǒ men yī qǐ xué hàn yǔ ba.
Woman: Great. Let's learn Chinese together.

男人：我想认识多一点儿漂亮的同学。看来，你学校里有很多漂亮的学生。

Nán rén: Wǒ xiǎng rèn shì duō yī diǎn er piào liang de tóng xué. Kàn lái, nǐ xué xiào li yǒu hěn duō piào liang de xué shēng.

Man: I want to know more beautiful classmates. It seems that there are many beautiful students in your school.

女人：我的学校里没有很多漂亮的学生。我看，只有三四个漂亮的。你说，我漂亮吗？

Nǚ rén: Wǒ de xué xiào lǐ méi yǒu hěn duō piào liang de xué shēng. Wǒ kàn, zhǐ yǒu sān sì gè piào liang de. Nǐ shuō, wǒ piào liang ma?

Woman: There are not many beautiful students in my school. Maybe only three or four are beautiful. Tell me, am I beautiful?

男人：你很漂亮！

Nán rén: Nǐ hěn piào liang!

Man: You are very beautiful!

女人：太好了。你能和我一起去买一点儿漂亮的衣服吗？

Nǚ rén: Tài hǎo le. Nǐ néng hé wǒ yī qǐ qù mǎi yī diǎn er piào liang de yī fú ma?

Woman: Great. Can you go shopping with me to buy some pretty clothes?

男人：但是我想今天去医院看医生。我们明天一起去商店，好吗？

Nán rén: Dàn shì wǒ xiǎng jīn tiān qù yī yuàn kàn yī shēng. Wǒ men míng tiān yī qǐ qù shāng diàn, hǎo ma?

Man: But I want to go to the hospital today to see a doctor. Let's go to the store together tomorrow, ok?

女人：好吧。你怎么去医院呢？

Nǚ rén: Hǎo ba. Nǐ zěn me qù yī yuàn ne?

Woman: Ok. How are you going to the hospital?

男人：我坐出租车去。

Nán rén: Wǒ zuò chū zū chē qù.

Man: I am going by taxi.

女人：今天我开车，我们一起去医院吧？

Nǚ rén: Jīn tiān wǒ kāi chē, wǒ men yī qǐ qù yī yuàn ba?

Woman: I am driving today, let's go to the hospital together?

男人：谢谢。

Nán rén: Xiè xiè.

Man: Thank you.

女人：不客气。

Nǚ rén: Bù kè qì.

Woman: You are welcome.

男人：我们什么时候去呢？

Nánrén: Wǒ men shén me shí hòu qù ne?

Man: When are we going?

女人：下午我和朋友去看电影。我们现在就去医院。医院开了吗？

Nǚrén: Xià wǔ wǒ hé péng yǒu qù kàn diàn yǐng. Wǒ men xiàn zài jiù qù yī yuàn. Yī yuàn kāi le ma?

Woman: I am going to the movies with my friends in the afternoon. Let's go to the hospital now. Is the hospital open?

男人：医院上午十点开的。

Nánrén: Yī yuàn shàng wǔ shí diǎn kāi de.

Man: The hospital opened at 10 am.

女人：好，我们现在去。

Nǚrén: Hǎo, wǒ men xiàn zài qù.

Woman: Ok, let's go now.

[10] WHERE IS THE HOSPITAL?
医院在哪儿？

在一个很热的上午，爸爸，儿子和女儿一起去医院。他们走啊走啊，也看不到医院，儿子就问了商店前面的男人：

儿子：先生，请问，医院怎么去？

先生：你是在叫我吗？

儿子：是的先生。我们去医院看医生。

先生：医院在前面。走十分钟，你们就会看到医院。现在医院还没开。医院三十分钟后才开。

女儿：谢谢。

先生：不客气。

爸爸：我没看见医院啊。

儿子：爸爸，我们走十分钟才看到医院。医院三十分钟后才开。我们先去饭馆坐一下吧。

他们在饭馆的时候:

女儿: 爸爸,请您坐这儿。医院开的时候我们才去医院。您现在想吃什么?

爸爸: 那个先生是谁?你认识他吗?

儿子: 我不认识他。我只问他怎么去医院。爸爸,请坐下来吧。天气很热。我们先喝一点儿水。

爸爸: 他们有茶吗?我想喝茶。

女儿: 他们有水和水果,但是没有茶。我们先喝一点儿水,吃些水果。到了医院后在那喝一点儿茶,好吗?

爸爸: 好吧。我们现在喝一点儿水。在医院的时候就喝茶。

他们的爸爸很听女儿的话。二十分钟后:

女儿: 爸爸,我们现在去医院了。

爸爸: 好吧。我想快一点儿去医院喝茶。

儿子：我们是去医院看医生，不是去喝茶。

女儿：我们在那儿看医生，也能在那儿喝茶。

爸爸：女儿很好，很爱爸爸。我们现在就去喝茶。儿子，你多学学女儿。

STATISTICS [10]

302 Total Word Count

91 Number of Unique Words

66 (44.0 %) of the 150 HSK 1 words

66 (72.53 %) of the Story comprise of the 150 HSK 1 words

80 (87.91 %) of the Story comprise of the Extended HSK 1 words

11 (12.09 %) of the Story comprise of New Words

New Words	**Explanation**
就 (jiù)	at once, right away, as soon as, then, in that case
但是 (dàn shì)	But, however
才 (cái)	Only
到 (dào)	Arrive, up to (verb complement denoting completion or result of an action)
走 (zǒu)	to walk, to go
先 (xiān)	Prior, first, in advance
话 (huà)	Spoken words speech talk words conversation (说话 (Shuōhuà)– speak, talk, say)
男 (nán)	Man, Male
快 (kuài)	Fast, quickly, soon

New Words	Explanation
只(zhǐ)	Only, merely, just, classifier for dogs, cats, birds and certain animals
还 (hái)	Also, still, yet

PINYIN AND TRANSLATION [10]

在一个很热的上午，爸爸，儿子和女儿一起去医院。他们走啊走啊，也看不到医院，儿子就问了商店前面的男人：

Zài yī gè hěn rè de shàng wǔ, bàba, ér zi hé nǚ ér yī qǐ qù yī yuàn. Tā men zǒu a zǒu a, yě kàn bù dào yī yuàn, ér zi jiù wèn le shāng diàn qián miàn de nán rén:

On a very hot morning, Dad, Son and Daughter were going to the hospital together. They walked for a long time but could not see the hospital. The Son then asked the Man in front of the store:

儿子：先生，请问，医院怎么去？
Ér zi: Xiān shēng, qǐng wèn, yī yuàn zěn me qù?
Son: Sir, how do I go to the hospital?

先生：你是在叫我吗？
Xiān shēng: Nǐ shì zài jiào wǒ ma?
Mr.: Are you calling me?

儿子：是的先生。我们去医院看医生。
Ér zi: Shì de xiān shēng. Wǒ men qù yī yuàn kàn yī shēng.

Son: Yes, sir. We are going to the hospital to see a doctor.

先生：医院在前面。走十分钟，你们就会看到医院。现在医院还没开。医院三十分钟后才开。
Xiān shēng: Yī yuàn zài qián miàn. Zǒu shí fēn zhōng, nǐ men jiù huì kàn dào yī yuàn. Xiàn zài yī yuàn hái méi kāi. Yī yuàn sān shí fēn zhōng hòu cái kāi.
Mr.: The hospital is ahead. Walk for ten minutes and you will see the hospital. The hospital is not open yet. The hospital will only open after 30 minutes.

女儿：谢谢。
Nǚ'ér: Xiè xiè.
Daughter: Thank you.

先生：不客气。
Xiān shēng: Bù kè qì.
Mr.: You are welcome.

爸爸：我没看见医院啊。
Bàba: Wǒ méi kàn jiàn yī yuàn a.
Dad: I couldn't see the hospital.

儿子：爸爸，我们走十分钟才看到医院。医院三十分钟后才开。我们先去饭馆坐一下吧。

Ér zi: Bàba, wǒ men zǒu shí fēn zhōng cái kàn dào yī yuàn. Yī yuàn sān shí fēn zhōng hòu cái kāi. Wǒ men xiān qù fàn guǎn zuò yī xià ba.
Son: Dad, if we walk for ten minutes we will see the hospital. The hospital will only open after 30 minutes. Let's go to the restaurant first.

他们在饭馆的时候：
Tā men zài fàn guǎn de shí hòu:
When they are at the restaurant:

女儿：爸爸，请您坐这儿。医院开的时候我们才去医院。您现在想吃什么？
Nǚ ér: Bàba, qǐng nín zuò zhè er. Yī yuàn kāi de shí hòu wǒ men cái qù yī yuàn. Nín xiàn zài xiǎng chī shén me?
Daughter: Dad, please sit here. We will go to to the hospital when it is open. What would you like to eat now?

爸爸：那个先生是谁？你认识他吗？
Bàba: Nà gè xiān shēng shì shéi? Nǐ rèn shì tā ma?
Dad: Who was that gentleman? Do you know him?

儿子：我不认识他。我只问他怎么去医院。爸爸，请坐下来吧。天气很热。我们先喝一点儿水。

Ér zi: Wǒ bù rèn shì tā. Wǒ zhǐ wèn tā zěn me qù yī yuàn. Bàba, qǐng zuò xià lái ba. Tiān qì hěn rè. Wǒ men xiān hè yī diǎn er shuǐ.
Son: I don't know him. I only asked him how to get to the hospital. Dad, please sit down. weather is hot. Let's drink some water first.

爸爸：他们有茶吗？我想喝茶。

Bàba: Tā men yǒu chá ma? Wǒ xiǎng hē chá.
Dad: Do they have tea? I want to drink tea.

女儿：他们有水和水果，但是没有茶。我们先喝一点儿水，吃些水果。到了医院后在那喝一点儿茶，好吗？

Nǚ ér: Tā men yǒu shuǐ hé shuǐ guǒ, dàn shì méi yǒu chá. Wǒ men xiān hè yī diǎn er shuǐ, chī xiē shuǐ guǒ. Dào le yī yuàn hòu zài nà hē yī diǎn er chá, hǎo ma?
Daughter: They have water and fruits, but no tea. Let's drink some water and eat some fruit. We can have tea at the hospital, ok?

爸爸：好吧。我们现在喝一点儿水。在医院的时候就喝茶。

Bàba: Hǎo ba. Wǒ men xiàn zài hè yī diǎn er shuǐ. Zài yī yuàn de shí hòu jiù hē chá.
Dad: Ok. We drink some water now. We will have tea at the hospital.

他们的爸爸很听女儿的话。二十分钟后：
Tā men de bàba hěn tīng nǚ ér de huà. Èr shí fēn zhōng hòu:
Their father listened to his daughter. Twenty minutes later:

女儿：爸爸，我们现在去医院了。
Nǚ ér: Bàba, wǒ men xiàn zài qù yī yuàn le.
Daughter: Dad, we are going to the hospital now.

爸爸：好吧。我想快一点儿去医院喝茶。
Bàba: Hǎo ba. Wǒ xiǎng kuài yī diǎn er qù yī yuàn hē chá.
Dad: Ok. I want to go to the hospital for tea.

儿子：我们是去医院看医生，不是去喝茶。
Ér zi: Wǒ men shì qù yī yuàn kàn yī shēng, bù shì qù hē chá.
Son: We are going to the hospital to see a doctor, not to have tea.

女儿：我们在那儿看医生，也能在那儿喝茶。
Nǚ ér: Wǒ men zài nà er kàn yī shēng, yě néng zài nà er hē chá.
Daughter: We are there to see a doctor and we can also drink tea there.

爸爸：女儿很好，很爱爸爸。我们现在就去喝茶。儿子，你多学学女儿。

Bàba: Nǚ ér hěn hǎo, hěn ài bàba. Wǒ men xiàn zài jiù qù hē chá. Ér zi, nǐ duō xué xué nǚ ér.

Dad: My daughter is very good, loves me very much. Let's go and have tea now. Son, you must learn from her.

[11] LEARNING THE CHINESE LANGUAGE
学习汉语

男人：你在做什么？

女人：我在写汉字。你看，我写的好吗？

男人：很好。你在哪儿学习汉语的？

女人：我在中国学习汉语。

男人：你学多少个月呢？

女人：三个星期。

男人：只有三个星期？你写的很好！

女人：在中国学习汉语会学的很快。那儿的老师很好，我很快学会。

男人：我的朋友也想学习汉语。他说他想去北京学习汉语。

女人：我也是在北京学习的。北京很大，很漂亮。但是天气很冷。

男人：他的医生说他不能坐飞机。所以他不能去中国了。

女人：他能在这儿学习汉语吗？

男人：我看他会在这儿学习汉语。

女人：我的爸爸昨天去看医生。医生说他不能吃太多米饭。

男人：你的爸爸今年多少岁？

女人：他六十六岁了。

男人：叫你爸爸听医生的话。米饭少吃一点儿。

女人：医生也说他不能坐飞机。他不能和我一起去中国了。他很想去中国。他说那儿很漂亮。他想买一点儿中国做的东西。

男人：他想买哪些中国做的东西？

女人：他很喜欢漂亮的杯子。他想看中国有没有很漂亮的杯子卖。

男人：我也很喜欢漂亮的杯子。

女人：你喜欢喝茶吗？

男人：我很喜欢喝茶。你呢？

女人：我家里有很多茶。请来我家喝茶吧。

男人：好的，谢谢。我家里没有茶。我一个星期没喝茶了。昨天下雨，我没去商店买茶。

女人：不客气。你什么时候来我家？

男人：我看下午三点吧。

女人：对不起。下午三点我不在家。我想去医院看医生。你能下午四点来我家吗？

男人：好的。下午四点我去你的家。那是什么东西？

女人：这些东西是吗？

男人：是的。

女人：这些是给我的猫和狗吃的。我在商店买的。

男人：商店开了吗？

女人：开了。上午九点就开了。

男人：好的。我也去商店看看有没有茶买。再见。

女人：再见。

STATISTICS [11]

461 Total Word Count

107 Number of Unique Words

88 (58.67 %) of the 150 HSK 1 words

88 (82.24 %) of the Story comprise of the 150 HSK 1 words

98 (91.59 %) of the Story comprise of the Extended HSK 1 words

9 (8.41 %) of the Story comprise of New Words

New Words	Explanation
女 (nǔ)	Woman, Female
男 (nán)	Man, Male
快 (kuài)	Fast, quickly, soon
但是 (dàn shì)	But, however
只 (zhǐ)	Only, merely, just, classifier for dogs, cats, birds and certain animals
就 (jiù)	at once, right away, as soon as, then, in that case
话 (huà)	Spoken words speech talk words conversation (说话 (Shuōhuà)– speak, talk, say)
所以 (suǒ yǐ)	Therefore, as a result, so, the reason why
卖 (mài)	Sell, sale

PINYIN AND TRANSLATION [11]

男人：你在做什么？

Nán rén: Nǐ zài zuò shén me?
Man: What are you doing?

女人：我在写汉字。你看，我写的好吗？

Nǚ rén: Wǒ zài xiě hàn zì. Nǐ kàn, wǒ xiě de hǎo ma?
Woman: I am writing Chinese characters. Look, is my writing nice?

男人：很好。你在哪儿学习汉语的？

Nán rén: Hěn hǎo. Nǐ zài nǎ er xué xí hàn yǔ de?
Man: Very good. Where did you study Chinese?

女人：我在中国学习汉语。

Nǚ rén: Wǒ zài zhōng guó xué xí hàn yǔ.
Woman: I learnt Chinese in China.

男人：你学多少个月呢？

Nán rén: Nǐ xué duō shǎo gè yuè ne?
Man: How many months did you study?

女人：三个星期。

Nǚ rén: Sān gè xīng qí.
Woman: Three weeks.

男人：只有三个星期？你写的很好！

Nán rén: Zhǐ yǒu sān gè xīng qí? Nǐ xiě de hěn hǎo!
Man: Only three weeks? You write very well!

女人：在中国学习汉语会学的很快。那儿的老师很好，我很快学会。

Nǚ rén: Zài zhōng guó xué xí hàn yǔ huì xué de hěn kuài. Nà er de lǎo shī hěn hǎo, wǒ hěn kuài xué huì.
Woman: Learning Chinese in China is very fast. The teacher there is very good, I learnt very fast.

男人：我的朋友也想学习汉语。他说他想去北京学习汉语。

Nán rén: Wǒ de péng yǒu yě xiǎng xué xí hàn yǔ. Tā shuō tā xiǎng qù běijīng xué xí hàn yǔ.
Man: My friend also wants to learn Chinese. He said that he wants to go to Beijing to study Chinese.

女人：我也是在北京学习的。北京很大，很漂亮。但是天气很冷。

Nǚ rén: Wǒ yě shì zài běijīng xué xí de. Běijīng hěn dà, hěn piào liang. Dàn shì tiān qì hěn lěng.
Woman: I also studied in Beijing. Beijing is very big and beautiful. But the weather is very cold.

男人：他的医生说他不能坐飞机。所以他不能去中国了。

Nán rén: Tā de yī shēng shuō tā bù néng zuò fēi jī. Suǒ yǐ tā bù néng qù zhōng guó le.

Man: His doctor said he can't fly. So he can't go to China.

女人：他能在这儿学习汉语吗？

Nǚ rén: Tā néng zài zhè er xué xí hàn yǔ ma?

Woman: Can he learn Chinese here?

男人：我看他会在这儿学习汉语。

Nán rén: Wǒ kàn tā huì zài zhè er xué xí hàn yǔ.

Man: I think he will learn Chinese here.

女人：我的爸爸昨天去看医生。医生说他不能吃太多米饭。

Nǚ rén: Wǒ de bàba zuó tiān qù kàn yī shēng. Yī shēng shuō tā bù néng chī tài duō mǐ fàn.

Woman: My dad went to see a doctor yesterday. The doctor said he could not eat too much rice.

男人：你的爸爸今年多少岁？

Nán rén: Nǐ de bàba jīn nián duō shǎo suì?

Man: How old is your father?

女人： 他六十六岁了。

Nǚ rén: Tā liù shí liù suì le.

Woman: He is sixty-six years old.

男人： 叫你爸爸听医生的话。米饭少吃一点儿。

Nán rén: Jiào nǐ bàba tīng yī shēng de huà. Mǐ fàn shǎo chī yī diǎn er.

Man: Ask your father to listen to the doctor. Don't eat so much rice.

女人： 医生也说他不能坐飞机。他不能和我一起去中国了。他很想去中国。他说那儿很漂亮。他想买一点儿中国做的东西。

Nǚ rén: Yī shēng yě shuō tā bù néng zuò fēi jī. Tā bù néng hé wǒ yī qǐ qù zhōng guó le. Tā hěn xiǎng qù zhōng guó. Tā shuō nà er hěn piào liang. Tā xiǎng mǎi yī diǎn er zhōng guó zuò de dōng xī.

Woman: The doctor also said that he can't fly. He can't go to China with me. He really wants to go to China. He said it is beautiful. He wants to buy something made in China.

男人： 他想买哪些中国做的东西？

Nán rén: Tā xiǎng mǎi nǎ xiē zhōng guó zuò de dōng xī?

Man: What kind of China-made things does he want to buy?

女人：他很喜欢漂亮的杯子。他想看中国有没有很漂亮的杯子卖。

Nǔ rén: Tā hěn xǐ huān piào liang de bēi zi. Tā xiǎng kàn zhòng guó yǒu méi yǒu hěn piào liang de bēi zi mài.

Woman: He likes beautiful cups very much. He wants to see if there are any beautiful cups for sale in China.

男人：我也很喜欢漂亮的杯子。

Nán rén: Wǒ yě hěn xǐ huān piào liang de bēi zi.

Man: I also like beautiful cups.

女人：你喜欢喝茶吗？

Nǔ rén: Nǐ xǐ huān hē chá ma?

Woman: Do you like to drink tea?

男人：我很喜欢喝茶。你呢？

Nán rén: Wǒ hěn xǐ huān hē chá. Nǐ ne?

Man: I like tea very much. What about you?

女人：我家里有很多茶。请来我家喝茶吧。

Nǔ rén: Wǒ jiā li yǒu hěn duō chá. Qǐng lái wǒ jiā hē chá bā.

Woman: I have a lot of tea at home. Please come to my house for tea.

男人：好的，谢谢。我家里没有茶。我一个星期没喝茶了。昨天下雨，我没去商店买茶。

Nán rén: Hǎo de, xiè xiè. Wǒ jiā lǐ méi yǒu chá. Wǒ yī gè xīng qí méi hē chá le. Zuó tiān xià yǔ, wǒ méi qù shāng diàn mǎi chá.

Man: Ok, thank you. I don't have tea at home. I haven't had tea for a week. It was raining yesterday, I didn't go to the store to buy tea.

女人：不客气。你什么时候来我家？

Nǚ rén: Bù kè qì. Nǐ shén me shí hòu lái wǒ jiā?

Woman: You are welcome. When are you coming to my house?

男人：我看下午三点吧。

Nán rén: Wǒ kàn xià wǔ sān diǎn ba.

Man: Maybe at three in the afternoon.

女人：对不起。下午三点我不在家。我想去医院看医生。你能下午四点来我家吗？

Nǚ rén: Duì bù qǐ. Xià wǔ sān diǎn wǒ bù zài jiā. Wǒ xiǎng qù yī yuàn kàn yī shēng. Nǐ néng xià wǔ sì diǎn lái wǒ jiā ma?

Woman: Sorry. I am not at home at three in the afternoon. I want to go to the hospital to see a doctor. Can you come to my house at four in the afternoon?

男人：好的。下午四点我去你的家。那是什么东西？

Nán rén: Hǎo de. Xià wǔ sì diǎn wǒ qù nǐ de jiā. Nà shì shén me dōng xī?

Man: Ok. I will go to your home at four in the afternoon. What is this?

女人：这些东西是吗？

Nǚ rén: Zhè xiē dōng xī shì ma?

Woman: You mean this?

男人：是的。

Nán rén: Shì de.

Man: Yes.

女人：这些是给我的猫和狗吃的。我在商店买的。

Nǚ rén: Zhè xiē shì gěi wǒ de māo hé gǒu chī de. Wǒ zài shāng diàn mǎi de.

Woman: These are for my cats and dogs. I bought these at the store.

男人：商店开了吗？

Nán rén: Shāng diàn kāi le ma?

Man: Is the store open?

女人：开了。上午九点就开了。

Nǚ rén: Kāi le. Shàng wǔ jiǔ diǎn jiù kāi le.

Woman: Opened. It opened at 9 am.

男人：好的。我也去商店看看有没有茶买。再见。
Nán rén: Hǎo de. Wǒ yě qù shāngdiàn kàn kàn yǒu méi yǒu chá mǎi. Zài jiàn.

女人：再见。
Nǚ rén: Zài jiàn.
Woman: Goodbye.

[12] Father's Friends Coming To Our House
爸爸的朋友来我们家吃饭

女儿：妈妈，我现在去学校了。

妈妈：你怎么去学校呢？

女儿：我坐出租车去学校。

妈妈：你今天几点回家？

女儿：下午三点就回家了。

妈妈：你的老师在学校吗？你去学校做什么？

女儿：我的老师不在学校。

妈妈：那你去见谁？

女儿：我是去见我的同学的。我们一起读书。

妈妈：回家的时候，你能不能去商店买一点儿菜吗？家里没有菜了。

女儿：好的。商店几点开？

妈妈：商店是十二点开的。家里也没有水果和茶了。多买一点儿水果和茶回来吧。

女儿：我们买这么多东西，有谁来我们家吃饭吗？

妈妈：你爸爸的朋友明天来我们家吃饭。你明天在家吗？

女儿：我明天在家。

妈妈：好的。

女儿：我能请我的同学一起来吃饭吗？

妈妈：好的。你在商店多买一点儿菜。

女儿：我看去了商店后，四点就回来了。

明天中午，吃饭的时候：

朋友一：你的女儿很大了，也很漂亮。她几岁了？

爸爸：她十八岁了。

朋友二：她在哪儿工作呢？

爸爸：她现在学习汉语。她想做汉语老师。

朋友一：很好。很多人都喜欢学汉语。我认识了一个汉语老师。她是一个很多同学都喜欢的老师。你的女儿学汉语多少年了？

爸爸：她学了三年。

朋友二：我看她会是一个很好的汉语老师。

爸爸：谢谢。女儿现在在哪儿？

妈妈：她在听电话。她的朋友打电话过来。看，她来了。

女儿：对不起。我去听电话。我的朋友打电话过来说他们不能来吃饭了。

爸爸：没关系。来吃饭吧。

妈妈：女儿，怎么了？你看起来不高兴。

女儿：我有点儿不高兴。

爸爸：没关系。明天再请他们来吧。

妈妈：好了。快一点儿吃饭了。如果你们还不吃，菜会冷的。

STATISTICS [12]

385 Total Word Count

106 Number of Unique Words

88 (58.67 %) of the 150 HSK 1 words

88 (83.02 %) of the Story comprise of the 150 HSK 1 words

98 (92.45 %) of the Story comprise of the Extended HSK 1 words

8 (7.55 %) of the Story comprise of New Words

New Words	Explanation
就 (jiù)	At once, right away, as soon as, then, in that case
过 (guò)	Over, cross, pass (time)
见 (jiàn)	See, meet
起来 (qǐlái)	Get up
再 (zài)	Again
如果 (rú guǒ)	If, in case, in the event that
还 (hái)	Also, still, yet
快 (kuài)	Fast, quickly, soon

PINYIN AND TRANSLATION [12]

女儿：妈妈，我现在去学校了。
Nǚ ér: Māmā, wǒ xiàn zài qù xué xiào le.
Daughter: Mom, I am going to the school now.

妈妈：你怎么去学校呢？
Māmā: Nǐ zěn me qù xué xiào ne?
Mom: How are you going to school?

女儿：我坐出租车去学校。
Nǚ ér: Wǒ zuò chū zū chē qù xué xiào.
Daughter: I am taking a taxi to school.

妈妈：你今天几点回家？
Māmā: Nǐ jīn tiān jǐ diǎn huí jiā?
Mom: When will you be home today?

女儿：下午三点就回家了。
Nǚ ér: Xià wǔ sān diǎn jiù huí jiā le.
Daughter: I am coming home at three in the afternoon.

妈妈：你的老师在学校吗？你去学校做什么？

Māmā: Nǐ de lǎo shī zài xué xiào ma? Nǐ qù xué xiào zuò shén me?
Mom: Is your teacher in school? Why are you going to school?

女儿：我的老师不在学校。
Nǚ ér: Wǒ de lǎo shī bù zài xué xiào.
Daughter: My teacher is not in school.

妈妈：那你去见谁？
Māmā: Nà nǐ qù jiàn shéi?
Mom: Who are you going to meet?

女儿：我是去见我的同学的。我们一起读书。
Nǚ ér: Wǒ shì qù jiàn wǒ de tóng xué de. Wǒ men yī qǐ dú shū.
Daughter: I am going to meet my classmates. We are studying together.

妈妈：回家的时候，你能不能去商店买一点儿菜吗？家里没有菜了。
Māmā: Huí jiā de shí hòu, nǐ néng bù néng qù shāng diàn mǎi yī diǎn er cài ma? Jiā lǐ méi yǒu cài le.
Mom: On the way home, can you go to the store to buy some food? There is no food at home.

女儿：好的。商店几点开？
Nǚ ér: Hǎo de. Shāng diàn jǐ diǎn kāi?

Daughter: Ok. What time does the store open?

妈妈： 商店是十二点开的。家里也没有水果和茶了。多买一点儿水果和茶回来吧。

Māmā: Shāng diàn shì shí èr diǎn kāi de. Jiā lǐ yě méi yǒu shuǐ guǒ hé chá le. Duō mǎi yī diǎn er shuǐ guǒ hé chá huí lái ba.

Mom: The store opens at twelve. There is no fruit or tea at home. Buy some more fruit and tea on your way home.

女儿： 我们买这么多东西，有谁来我们家吃饭吗？

Nǚ ér: Wǒ men mǎi zhè me duō dōng xī, yǒu shéi lái wǒ men jiā chī fàn ma?

Daughter: We are buying so many things, is anyone coming to our house to eat?

妈妈： 你爸爸的朋友明天来我们家吃饭。你明天在家吗？

Māmā: Nǐ bàba de péng yǒu míng tiān lái wǒ men jiā chī fàn. Nǐ míng tiān zài jiā ma?

Mom: Your father's friends will be coming to our house for lunch tomorrow. Will you be home tomorrow?

女儿： 我明天在家。

Nǚ ér: Wǒ míng tiān zài jiā.

Daughter: I will be home tomorrow.

妈妈：好的。

Māmā: Hǎo de.

Mom: Ok.

女儿：我能请我的同学一起来吃饭吗？

Nǚ ér: Wǒ néng qǐng wǒ de tóng xué yī qǐ lái chī fàn ma?

Daughter: Can I ask my classmates to come and have lunch together?

妈妈：好的。你在商店多买一点儿菜。

Māmā: Hǎo de. Nǐ zài shāng diàn duō mǎi yī diǎn er cài.

Mom: Ok. Buy more food at the store.

女儿：我看去了商店后，四点就回来了。

Nǚ ér: Wǒ kàn qù le shāng diàn hòu, sì diǎn jiù huí lái le.

Daughter: I think, after going to the store, I will be back at four o'clock.

明天中午，吃饭的时候：

Míng tiān zhōng wǔ, chī fàn de shí hòu:

At noon tomorrow, during lunch:

朋友一：你的女儿很大了，也很漂亮。她几岁了？

Péng yǒu yī: Nǐ de nǚ ér hěn dà le, yě hěn piào liang. Tā jǐ suì le?

Friend 1: Your daughter has grown up and very beautiful. How old is she?

爸爸：她十八岁了。

Bàba: Tā shí bā suì le.

Dad: She is eighteen years old.

朋友二：她在哪儿工作呢？

Péng yǒu èr: Tā zài nǎ'er gōng zuò ne?

Friend 2: Where is she working?

爸爸：她现在学习汉语。她想做汉语老师。

Bàba: Tā xiàn zài xué xí hàn yǔ. Tā xiǎng zuò hàn yǔ lǎo shī.

Dad: She is learning Chinese now. She wants to be a Chinese teacher.

朋友一：很好。很多人都喜欢学汉语。我认识了一个汉语老师。她是一个很多同学都喜欢的老师。你的女儿学汉语多少年了？

Péng yǒu yī: Hěn hǎo. Hěn duō rén dōu xǐ huān xué hàn yǔ. Wǒ rèn shì le yī gè hàn yǔ lǎo shī. Tā shì yī gè hěn duō tóng xué dōu xǐ huān de lǎo shī. Nǐ de nǚ ér xué hàn yǔ duō shǎo nián le?

Friend one: Very good. Many people like to learn Chinese. I met a Chinese teacher. She is a teacher that many students like. How many years has your daughter been learning Chinese?

爸爸：她学了三年。

Bàba: Tā xué le sān nián.

Dad: She has been studying for three years.

朋友二：我看她会是一个很好的汉语老师。

Péng yǒu èr: Wǒ kàn tā huì shì yī gè hěn hǎo de hàn yǔ lǎo shī.

Friend 2: I think she will be a good Chinese teacher.

爸爸：谢谢。女儿现在在哪儿？

Bàba: Xiè xiè. Nǚ ér xiàn zài zài nǎ er?

Dad: Thank you. Where is our daughter now?

妈妈：她在听电话。她的朋友打电话过来。看，她来了。

Māmā: Tā zài tīng diàn huà. Tā de péng yǒu dǎ diàn huà guò lái. Kàn, tā lái le.

Mom: She is on the phone. Her friend called. Look, she is coming.

女儿：对不起。我去听电话。我的朋友打电话过来说他们不能来吃饭了。

Nǚ ér: Duì bù qǐ. Wǒ qù tīng diàn huà. Wǒ de péng yǒu dǎ diàn huà guò lái shuō tā men bù néng lái chī fàn le.

Daughter: Sorry. I was on the phone. My friends called and said they can't come for lunch.

爸爸：没关系。来吃饭吧。

Bàba: Méi guān xì. Lái chī fàn ba.
Dad: It doesn't matter. Come, let's eat.

妈妈：女儿，怎么了？你看起来不高兴。

Māmā: Nǚ ér, zěn me le? Nǐ kàn qǐ lái bu gāo xìng.
Mom: Daughter, what's wrong? You look unhappy.

女儿：我有点儿不高兴。

Nǚ ér: Wǒ yǒu diǎn er bù gāo xìng.
Daughter: I am a little unhappy.

爸爸：没关系。明天再请他们来吧。

Bàba: Méi guān xì. Míng tiān zài qǐng tā men lái ba.
Dad: It doesn't matter. Please invite them to come over tomorrow.

妈妈：好了。快一点儿吃饭了。如果你们还不吃，菜会冷的。

Māmā: Hǎo le. Kuài yī diǎn er chī fàn le. Rú guǒ nǐ men hái bù chī, cài huì lěng de.
Mom: Ok. Let's eat. Otherwise, the dishes will be cold.

[13] MET A BEAUTIFUL GIRL
看见了一个漂亮的小姐

星期三，在学校里，我看见了一个小姐买了很多书。她看起来是一个学生。我不认识她。她很漂亮，我想问她叫什么名字。但是她走的很快。那时候，我的老师也在我前面。我就没叫她了。

昨天，我没去学校。我和妈妈去医院看医生。我今天会去学校。我会在学校里再看见她吗？如果能看见她，我会很高兴。学校是十点开。但是我今天九点三十分就去学校。她今天会在学校吗？

在学校时，我看前面，看后面，都没看见她。她今天没有来学校吗？我坐在椅子上，再看前面，再看后面，都没看见她。我现在能做什么？我没有她的名字，也没看见她。我今天睡不到了。

我想回家的时候，有一个人叫着我。他是谁？我不认识他。他叫我做什么呢？他说他看见十块钱在椅子上，问我十块钱是不是我的。

我：谢谢。如果我没有这十块钱，就不能回家了。

他：你是这儿的学生吗？

我：是的。请问，你是在这儿工作吗？

他：是的。我在这工作有五年了。

我：你在这工作五年了？但是我没看过你啊。

他：学校后面有一个大商店。你有去过吗？那儿是学校的商店。有很多书卖的。

我：那我去看看。再见。

他：再见。

我很快走到后面的商店，想看看那个小姐在那儿吗？我看见她了！她在那儿工作。我很高兴看见她了，现在我怎么做呢？我看我还是问她的名字是什么。

我：小姐。你好。我是小五。请问你叫什么名字？

小喜：你好。我的名字是小喜。

我：你在这儿工作的吗？

小喜：我在这儿工作。你想买什么？

我：我想买一本书。

小喜：好的。我们什么书都有卖。

我：我想买一本电影的书。

小喜：对不起。我们没有卖电影书。我们只卖学校的书。

我：没关系。我也想买几本学校的书。请问，这儿的电话号码是多少？

小喜：这儿的电话号码是八一二九七三七。

我：谢谢。如果我想买什么书，我会先打电话过来的。再见。

小喜：再见。

我很高兴能认识她。有一天，我会和她一起看电影的。

STATISTICS [13]

498 Total Word Count

117 Number of Unique Words

88 (58.67 %) of the 150 HSK 1 words

88 (75.21 %) of the Story comprise of the 150 HSK 1 words

99 (84.62 %) of the Story comprise of the Extended HSK 1 words

18 (15.38 %) of the Story comprise of New Words

New Words	Explanation
小喜 (Xiǎo Xǐ)	Name of a person
小五 (Xiǎo Wǔ)	Name of person
卖 (mài)	Sell, sale
如果 (rú guǒ)	If, in case, in the event that
过 (guò)	Over, cross, pass (time)
再 (zài)	Again
就 (jiù)	At once, right away, as soon as, then, in that case
但是 (dàn shì)	But, however
走 (zǒu)	To walk, to go
号码 (hào mǎ)	Number
快 (kuài)	Fast, quickly, soon
只 (zhǐ)	Only, merely, just,

New Words	Explanation
	classifier for dogs, cats, birds and certain animals
起来 (qǐlái)	Get up
睡不到 (Shuì bù dào)	Can't sleep
还 (hái)	Also, still, yet
到 (dào)	Arrive, up to (verb complement denoting completion or result of an action)
先 (xiān)	Prior, first, in advance
着 (zhe)	Aspect particle indicating action in progress

PINYIN AND TRANSLATION [13]

星期三，在学校里，我看见了一个小姐买了很多书。她看起来是一个学生。我不认识她。她很漂亮，我想问她叫什么名字。但是她走的很快。那时候，我的老师也在我前面。我就没叫她了。

Xīng qí sān, zài xué xiào lǐ, wǒ kàn jiàn le yī gè xiǎo jiě mǎi le hěn duō shū. Tā kàn qǐ lái shì yī gè xué shēng. Wǒ bù rèn shì tā. Tā hěn piào liang, wǒ xiǎng wèn tā jiào shén me míng zì. Dàn shì tā zǒu de hěn kuài. Nà shí hòu, wǒ de lǎo shī yě zài wǒ qián miàn. Wǒ jiù méi jiào tā le.

On Wednesday, at school, I saw a lady, she bought a lot of books. She looks like a student. I do not know her. She is very beautiful. I want to ask her what her name is. But she was walking very fast. At that time, my teacher was in front of me. So, I couldn't speak to her.

昨天，我没去学校。我和妈妈去医院看医生。我今天会去学校。我会在学校里再看见她吗？如果能看见她，我会很高兴。学校是十点开。但是我今天九点三十分就去学校。她今天会在学校吗？

Zuó tiān, wǒ méi qù xué xiào. Wǒ hé māmā qù yī yuàn kàn yī shēng. Wǒ jīn tiān huì qù xué xiào. Wǒ huì zài xué xiào lǐ zài kàn jiàn tā ma? Rú guǒ néng kàn jiàn tā, wǒ huì hěn gāo xìng.

Xué xiào shì shí diǎn kāi. Dàn shì wǒ jīn tiān jiǔ diǎn sān shí fēn jiù qù xué xiào. Tā jīn tiān huì zài xué xiào ma?

I didn't go to school yesterday. Mom and I went to the hospital to see a doctor. I will go to school today. Will I see her again? I will be very happy if I can see her. The school will open at ten. But I will go to school at 9:30 today. Will she be at school today?

在学校时，我看前面，看后面，都没看见她。她今天没有来学校吗？我坐在椅子上，再看前面，再看后面，都没看见她。我现在能做什么？我没有她的名字，也没看见她。我今天睡不到了。

Zài xué xiào shí, wǒ kàn qián miàn, kàn hòu miàn, dōu méi kàn jiàn tā. Tā jīn tiān méi yǒu lái xué xiào ma? Wǒ zuò zài yǐzi shàng, zài kàn qián miàn, zài kàn hòu miàn, dōu méi kàn jiàn tā. Wǒ xiàn zài néng zuò shén me? Wǒ méi yǒu tā de míng zì, yě méi kàn jiàn tā. Wǒ jīn tiān shuì bù dào le.

When I arrive at the school, I looked to the front and looked to the back but I couldn't see her. Is she in school today? I sat on the chair, and again, looked to the front, and looked to the back, but I still couldn't see her. What can I do now? I don't have her name and I couldn't see her. I won't be able to sleep today.

我想回家的时候，有一个人叫着我。他是谁？我不认识他。他叫我做什么呢？他说他看见十块钱在椅子上，问我十块钱是不是我的。

Wǒ xiǎng huí jiā de shí hòu, yǒuyī gè rén jiào zhe wǒ. Tā shì shéi? Wǒ bù rèn shì tā. Tā jiào wǒ zuò shén me ne? Tā shuō tā kàn jiàn shí kuài qián zài yǐ zi shàng, wèn wǒ shí kuài qián shì bù shì wǒ de.

When I was about to go home, someone called me. Who is he? I do not know him. What does he want? He said that he saw ten dollars on the chair and asked me if it was mine.

我：谢谢。如果我没有这十块钱，就不能回家了。
Wǒ: Xiè xiè. Rú guǒ wǒ méi yǒu zhè shí kuài qián, jiù bù néng huí jiā le.
Me: Thank you. If I don't have this ten dollars, I won't be able to get home.

他：你是这儿的学生吗？
Tā: Nǐ shì zhè er de xué shēng ma?
He: Are you a student here?

我：是的。请问，你是在这儿工作吗？
Wǒ: Shì de. Qǐng wèn, nǐ shì zài zhè er gōng zuò ma?
Yes I am. Excuse me, do you work here?

他：是的。我在这儿工作有五年了。

Tā: Shì de. Wǒ zài zhè er gōng zuò yǒu wǔ nián le.

He: Yes. I have been working here for five years.

我：你在这儿工作五年了？但是我没看过你啊。

Wǒ: Nǐ zài zhè er gōng zuò wǔ nián le? Dàn shì wǒ méi kàn guò nǐ a.

Me: Have you been working here for five years? But I have not seen you before.

他：学校后面有一个大商店。你有去过吗？那儿是学校的商店。有很多书卖的。

Tā: Xué xiào hòu miàn yǒu yī gè dà shāng diàn. Nǐ yǒu qù guò ma? Nà er shì xué xiào de shāng diàn. Yǒu hěn duō shū mài de.

He: There is a big store behind the school. Have you been there? That is a school store. There are a lot of books for sale at the store.

我：那我去看看。再见。

Wǒ: Nà wǒ qù kàn kàn. Zài jiàn.

Me: Then let me go and have a look. Goodbye.

他：再见。

Tā: Zài jiàn.

He: Goodbye.

我很快走到后面的商店，想看看那个小姐在那儿吗？我看见她了！她在那儿工作。我很高兴看见她了，现在我怎么做呢？我看我还是问她的名字是什么。

Wǒ hěn kuài zǒu dào hòu miàn de shāng diàn, xiǎng kàn kàn nà gè xiǎo jiě zài nà er ma? Wǒ kàn jiàn tā le! Tā zài nà er gōng zuò. Wǒ hěn gāo xìng kàn jiàn tā le, xiàn zài wǒ zěn me zuò ne? Wǒ kàn wǒ hái shì wèn tā de míng zì shì shén me.

I quickly went to the back store to see if the lady is there. I saw her! She works there. I'm glad to see her. Now what do I do? I think I'd still ask her what her name is.

我：小姐。你好。我是小五。请问你叫什么名字？

Wǒ: Xiǎo jiě. Nǐ hǎo. Wǒ shì xiǎo wǔ. Qǐng wèn nǐ jiào shén me míng zì?
Me: Miss. Hello there. I am Xiao Wu. May I know your name?

小喜：你好。我的名字是小喜。

Xiǎo Xǐ: Nǐ hǎo. Wǒ de míng zì shì xiǎo xǐ.
Xiao Xi: Hello. My name is Xiao Xi.

我：你在这儿工作的吗？

Wǒ: Nǐ zài zhè er gōng zuò de ma?
Me: Are you working here?

小喜：我在这儿工作。你想买什么？

Xiǎo Xǐ: Wǒ zài zhè er gōng zuò. Nǐ xiǎng mǎi shén me?

Xiao Xi: I work here. What do you want to buy?

我：我想买一本书。

Wǒ: Wǒ xiǎng mǎi yī běn shū.

Me: I want to buy a book.

小喜：好的。我们什么书都有卖。

Xiǎo Xǐ: Hǎo de. Wǒ men shén me shū dōu yǒu mài.

Xiao Xi: Ok. We have a lot of books for sale.

我：我想买一本电影的书。

Wǒ: Wǒ xiǎng mǎi yī běn diàn yǐng de shū.

Me: I want to buy a book about movies.

小喜：对不起。我们没有卖电影书。我们只卖学校的书。

Xiǎo Xǐ: Duì bù qǐ. Wǒ men méi yǒu mài diàn yǐng shū. Wǒ men zhǐ mài xué xiào de shū.

Xiao Xi: Sorry. We do not sell movie books. We only sell school reference books.

我：没关系。我也想买几本学校的书。请问，这儿的电话号码是多少？

我：没关系。我也想买几本学校的书。请问，这儿的电话号码是多少？

Wǒ: Méi guān xì. Wǒ yě xiǎng mǎi jǐ běn xué xiào de shū. Qǐng wèn, zhè er de diàn huà hào mǎ shì duō shǎo?

Me: It's ok. I also want to buy a few school reference books. May I have the phone number here?

小喜：这儿的电话号码是八一二九七三七。

Xiǎo Xǐ: Zhè er de diàn huà hào mǎ shì bā yī' èr jiǔ qī sān qī.

Xiao Xi: The phone number here is 8129737.

我：谢谢。如果我想买什么书，我会先打电话过来的。再见。

Wǒ: Xiè xiè. Rú guǒ wǒ xiǎng mǎi shén me shū, wǒ huì xiān dǎ diàn huà guò lái de. Zài jiàn.

Me: Thank you. If I want to buy a book, I will call you first. Goodbye.

小喜：再见。

Xiǎo Xǐ: Zài jiàn.

Xiao Xi: Goodbye.

我很高兴能认识她。有一天，我会和她一起看电影的。

Wǒ hěn gāo xìng néng rèn shì tā. Yǒu yī tiān, wǒ huì hé tā yī qǐ kàn diàn yǐng de.

I am very happy to get to know her. One day, I will get to watch a movie with her.

[14] DISOBEDIENT SON AND DAUGHTER
不听话的儿子和女儿

我有一个儿子和一个女儿。儿子的名字是小亮。女儿的名字是小喜。小亮今年十一岁。小喜今年九岁。他们都很不听话。

他们很喜欢看电视。爸爸叫他们读书，但是他们不读书，只看电视。他们说如果他们读书读的快，睡觉前就能看电视了。

有一天，爸爸回家看见他们在看电视，就问他们长大的时候想做什么工作。小亮说他大的时候想做老师。小喜说她想做医生。

爸爸问，如果他们现在不读书，怎么能做老师和医生呢？小喜说他们读书很好，老师也很高兴他们读的这么好。爸爸再问他们，"你的老师什么时候说你们读书读的很好？"小亮说，"昨天老师在学校里说我们是很好的学生。"爸爸问，"是吗？你们天天在家里看电视，不读书，怎么能是一个好学生呢？我明天去学校问你们的老师。"他们听了后很不高兴。爸爸叫他们去睡觉。

爸爸和我说，儿子和女儿都不听话。他说他明天去见老师，问我们的儿子和女儿在学校里学什么。如果他们不听话，我们还能做什么？

他们现在大了，不听爸爸妈妈的话。我不想爸爸去学校见老师，儿子和女儿会不高兴。我说我天天一个人在家里看家，不能天天看儿子和女儿。他说他有很多东西做，也不能什么时候都看儿子和女儿。

今天上午，爸爸，儿子和女儿一起去学校见老师。他认识老师，但是我不认识老师。我想到儿子和女儿会不高兴就去商店买东西。我想做儿子和女儿喜欢吃的菜。

中午的时候，儿子和女儿回来了。他们都很快打开他们的书给我看。小喜说，"妈妈你看。我写字写的多好啊。老师在这儿写了一个"好"字。你看见吗？"小亮也说老师写在他本书里一个"好"字。

他们的爸爸回到家后都看见了老师写的"好"字。小亮说，"现在爸爸和妈妈没话说了。我们是很好的学生。我们喜欢看电视，但是我们也喜欢读书。我们在学校里读书，在家里看电视。看电视的时候我们会学到很多不在书里的东西。"

爸爸也说，老师说他们在学校里是很好的学生。小喜很高兴的说，"太好了。我们能天天看电视了。"

STATISTICS [14]

515 Total Word Count

103 Number of Unique Words

73 (48.67 %) of the 150 HSK 1 words

73 (70.87 %) of the Story comprise of the 150 HSK 1 words

88 (85.44 %) of the Story comprise of the Extended HSK 1 words

15 (14.56 %) of the Story comprise of New Words

New Words	Explanation
小亮 (Xiǎo Liàng)	Name of a person
小喜 (Xiǎo Xǐ)	Name of a person
话 (huà)	Spoken words speech talk words conversation （说话 (Shuōhuà)– speak, talk, say)
天天 (tiān tiān)	Everyday
但是(dàn shì)	But, however
如果 (rú guǒ)	If, in case, in the event that
到 (dào)	Arrive, up to (verb complement denoting completion or result of an action)
见 (jiàn)	See, meet

New Words	Explanation
就 (jiù)	At once, right away, as soon as, then, in that case
快 (kuài)	Fast, quickly, soon
再 (zài)	Again
长大 (zhǎng dà)	Grow up
只 (zhǐ)	Only, merely, just, classifier for dogs, cats, birds and certain animals
这么 (zhème)	So, such
还 (hái)	Also, still, yet

PINYIN AND TRANSLATION [14]

我有一个儿子和一个女儿。儿子的名字是小亮。女儿的名字是小喜。小亮今年十一岁。小喜今年九岁。他们都很不听话。

Wǒ yǒu yī gè er zi hé yī gè nǔ ér. Ér zi de míng zì shì xiǎo liàng. Nǔ ér de míng zì shì xiǎo xǐ. Xiǎo Liàng jīn nián shí yī suì. Xiǎo Xǐ jīn nián jiǔ suì. Tā men dōu hěn bù tīng huà.

I have a son and a daughter. My son's name is Xiao Liang. My daughter's name is Xiao Xi. Xiao Liang is 11 years. Xiao Xi is nine years old. They are both very disobedient.

他们很喜欢看电视。爸爸叫他们读书，但是他们不读书，只看电视。他们说如果他们读书读的快，睡觉前就能看电视了。

Tā men hěn xǐ huān kàn diàn shì. Bàba jiào tā men dú shū, dàn shì tā men bù dú shū, zhǐ kàn diàn shì. Tā men shuō rú guǒ tā men dú shū dú de kuài, shuì jiào qián jiù néng kàn diàn shì le.

They like to watch TV. Dad told them to study, but they won't, they would only watch TV. They said that if they studied quickly, they can watch TV before going to bed.

有一天，爸爸回家看见他们在看电视，就问他们长大的时候想做什么工作。小亮说他大的时候想做老师。小喜说她想做医生。

Yǒu yī tiān, bàba huí jiā kàn jiàn tā men zài kàn diàn shì, jiù wèn tā men zhǎng dà de shí hòu xiǎng zuò shén me gōng zuò. Xiǎo Liàng shuō tā dà de shí hòu xiǎng zuò lǎo shī. Xiǎo Xǐ shuō tā xiǎng zuò yī shēng.

One day, Dad came home and they were watching TV, he asked them what they do they want to be when they grow up. Xiao Liang said that he wants to be a teacher when he grows up. Xiao Xi said that she wants to be a doctor.

爸爸问，如果他们现在不读书，怎么能做老师和医生呢？小喜说他们读书很好，老师也很高兴他们读的这么好。

Bàba wèn, rú guǒ tā men xiàn zài bù dú shū, zěn me néng zuò lǎo shī hé yī shēng ne? Xiǎo Xǐ shuō tā men dú shū hěn hǎo, lǎo shī yě hěn gāo xìng tā men dú de zhè me hǎo.

Dad asked, if they don't study now, how can they be teachers and doctors? Xiao Xi said that they studied very well, and the teachers are very happy that they did so well.

爸爸再问他们，"你的老师什么时候说你们读书读的很好？"小亮说，"昨天老师在学校里说我们是很好的学生。"爸爸问，"是吗？你们天天在家里看电视，不读书，怎么能是一个好学生呢？我明天去学校问你们的老师。"他们听了后很不高兴。爸爸叫他们去睡觉。

Bàba zài wèn tā men,"nǐ de lǎo shī shén me shí hòu shuō nǐ men dú shū dú de hěn hǎo?" Xiǎo Liàng shuō,"zuó tiān lǎo shī zài xué xiào lǐ shuō wǒ men shì hěn hǎo de xué shēng". Bàba wèn,"shì ma? Nǐ men tiān tiān zài jiā lǐ kàn diàn shì, bù dú shū, zěn me néng shì yī gè hǎo xué shēng ne? Wǒ míng tiān qù xué xiào wèn nǐ men de lǎo shī". Tā men tīng le hòu hěn bù gāo xìng. Bàba jiào tā men qù shuì jiào.

Dad asked them again, "When did your teacher say that you study very well?" Xiao Liang said, "Yesterday, the teacher said that we are very good students at school." Dad asked, "Is it? You have been watching TV at home every day, don't study, how can you be a good student? I will go to school and ask your teacher tomorrow." They were very upset after hearing this. Dad then told them to go to bed.

爸爸和我说，儿子和女儿都不听话。他说他明天去见老师，问我们的儿子和女儿在学校里学什么。如果他们不听话，我们还能做什么？

Bàba hé wǒ shuō, ér zi hé nǚ ér dōu bù tīng huà. Tā shuō tā míng tiān qù jiàn lǎo shī, wèn wǒ men de ér zi hé nǚ ér zài xué xiào lǐ xué shén me. Rú guǒ tā men bù tīng huà, wǒmen hái néng zuò shén me?

Dad said to me that our son and daughter are not obedient. He said that he will ask the teacher tomorrow what our son and daughter have been learning at school. What else can we do if they are not obedient?

他们现在大了，不听爸爸妈妈的话。我不想爸爸去学校见老师，儿子和女儿会不高兴。我说我天天一个人在家里看家，不能天天看儿子和女儿。他说他有很多东西做，也不能什么时候都看儿子和女儿。

Tā men xiàn zài dà le, bù tīng bàba māmā de huà. Wǒ bù xiǎng bàba qù xué xiào jiàn lǎo shī, ér zi hé nǚ ér huì bù gāo xìng. Wǒ shuō wǒ tiān tiān yī gè rén zài jiā lǐ kān jiā, bù néng tiān tiān kàn ér zi hé nǚ ér. Tā shuō tā yǒu hěn duō dōng xī zuò, yě bù néng shén me shí hòu dōu kàn ér zi hé nǚ ér.

They have now grown up and won't listen to Mom and Dad. I don't want Dad to go to school to see the teacher, our son and daughter will be upset. I said that I look after the family every day, can't be watching over our son and daughter every moment. He said that he has a lot of things to do, and he can't watch over them at all times.

今天上午，爸爸，儿子和女儿一起去学校见老师。他认识老师，但是我不认识老师。我想到儿子和女儿会不高兴就去商店买东西。我想做儿子和女儿喜欢吃的菜。

Jīn tiān shàng wǔ, bàba, ér zi hé nǚ ér yī qǐ qù xué xiào jiàn lǎo shī. Tā rèn shì lǎo shī, dàn shì wǒ bù rèn shì lǎo shī. Wǒ xiǎng dào ér zi hé nǚ ér huì bù gāo xìng jiù qù shāng diàn mǎi dōng xī. Wǒ xiǎng zuò ér zi hé nǚ ér xǐ huān chī de cài.

This morning, Dad, son and daughter went to school to see the teacher. He knows the teacher, but I don't know the teacher. I know our son and daughter will be unhappy, hence, I go to the store to buy some things. I want to make their favourite dishes.

中午的时候，儿子和女儿回来了。他们都很快打开他们的书给我看。小喜说，"妈妈你看。我写字写的多好啊。老师在这儿写了一个"好"字。你看见吗？"小亮也说老师写在他本书里一个"好"字。

Zhōng wǔ de shí hòu, ér zi hé nǚ ér huí lái le. Tā men dōu hěn kuài dǎ kāi tā men de shū gěi wǒ kàn. Xiǎo Xǐ shuō,"māmā nǐ kàn. Wǒ xiě zì xiě de duō hǎo a. Lǎo shī zài zhè er xiě le yī gè "hǎo" zì. Nǐ kàn jiàn ma?" Xiǎo Liàng yě shuō lǎo shī xiě zài tā běn shū lǐ yī gè "hǎo" zì.

At noon, our son and daughter came back home. They all quickly opened their books for me to see. Xiao Xi said, "Mom, look. I wrote very well. The teacher wrote a "good" here. Do you see it?" Xiao Liang also said that the teacher wrote a "good" word in his book.

他们的爸爸回到家后都看见了老师写的"好"字。小亮说，"现在爸爸和妈妈没话说了。我们是很好的学生。我们喜欢看电视，但是我们也喜欢读书。我们在学校里读书，在家里看电视。看电视的时候我们会学到很多不在书里的东西。"

Tā men de bàba huí dào jiā hòu dōu kàn jiàn le lǎo shī xiě de "hǎo" zì. Xiǎo Liàng shuō,"xiàn zài bàba hé māmā méi huà shuō le. Wǒ men shì hěn hǎo de xué shēng. Wǒ men xǐ huān kàn diàn shì, dàn shì wǒ men yě xǐ huān dú shū. Wǒ men zài xué xiào lǐ dú shū, zài jiā lǐ kàn diàn shì. Kàn diàn shì de shí hòu wǒ men huì xué dào hěn duō bù zài shū lǐ de dōng xī".

When their father returned home, he too saw the word "good" written by the teacher. Xiao Liang said, "Now Dad and Mom have nothing to say. We are very good students. We like to watch TV, but we also like to study. We study at school and watch TV at home. While watching TV, we will learn a lot of things that are not in the books."

爸爸也说，老师说他们在学校里是很好的学生。小喜很高兴的说，"太好了。我们能天天看电视了。"

Bàba yě shuō, lǎo shī shuō tā men zài xué xiào lǐ shì hěn hǎo de xué shēng. Xiǎo Xǐ hěn gāo xìng de shuō,"tài hǎo le. Wǒ men néng tiān tiān kàn diàn shì le".

Dad also said that the teacher said they are good students. Xiao Xi was very happy to hear that and said, "Great. We can now watch TV every day."

[15] BIRTHDAYS
生日

在一个下雨天的中午，我和三个好朋友，小亮，小五和小喜，在饭馆里吃饭。天气也很冷。我们都不想回去工作了。我们想坐在饭馆，喝多几杯热茶。在这时候，小亮就问我：

小亮：你现在多大了？

我：二十七岁。你呢？

小亮：我是二十八岁。小五和小喜呢？

小喜：我是二十九岁。

小五：我是十八岁。

我：你不是十八岁了。我看，你是十五岁。

小五：我的生日是二零零一年四月十八号。那我就是十八岁了。

小喜：你是十八岁？你看起来是十五岁。你们看他是多少岁？

小五：现在是二零一九年。如果我不是十八岁，那我是几岁呢？

小亮：我看，你不是十八岁，是十六岁。

我：好了好了。小五是十八岁。小喜，你看来是十八岁，不是二十九岁啊。

小喜：我的生日是一九九零年六月二十号。

小亮：一九九零年？那不是你的生日吧？你怎么能是二十九岁呢？

小喜：我很高兴你们这样的说。小亮，你的生日呢？

小亮：我的生日是一九九一年七月十九号。

我：好的。

小喜：你的生日呢？

我：我的生日是一九九二年一月六号。

小五：那你是二十七岁了。

我：是的。我们现在说生日的时候想做什么？

小喜：我想买一只狗。

小亮：你喜欢狗吗？

小喜：我很喜欢养狗的。你呢？

小亮：我喜欢坐飞机。坐飞机去哪儿都没关系。但是我会很高兴如果能坐飞机去中国的。

小五：我喜欢开车。

我：那你想买车吗？

小五：我现在没有钱买车。如果我有钱，我会现在就去买车，不会在这饭馆和你们一起喝茶了。你呢？

我：我想去北京学习汉语。

小五：你会在你生日的时候去北京学习汉语吗？

我：不是。我的生日是在一月的。我想在六月去北京。

小喜：北京在六月的时候很热但是也很漂亮。

小亮：好吧。没下雨了。我们快一点儿回去工作。

STATISTICS [15]

463 Total Word Count

103 Number of Unique Words

79 (52.67 %) of the 150 HSK 1 words

79 (76.7 %) of the Story comprise of the 150 HSK 1 words

91 (88.35 %) of the Story comprise of the Extended HSK 1 words

12 (11.65 %) of the Story comprise of New Words

New Words	Explanation
小亮 (Xiǎo Liàng)	Name of a person
小喜 (Xiǎo Xǐ)	Name of a person
小五 (Xiǎo Wǔ)	Name of person
生日 (shēng rì)	Birthday
零 (líng)	Zero
就 (jiù)	At once, right away, as soon as, then, in that case
如果 (rú guǒ)	If, in case, in the event that
但是 (dàn shì)	But, however
只 (zhǐ)	Only, merely, just, classifier for dogs, cats, birds and certain animals
看起来 (kàn qǐlái)	Looks
养 (yǎng)	To raise or keep animals or pets

New Words	Explanation
快 (kuài)	Fast, quickly, soon

PINYIN AND TRANSLATION [15]

在一个下雨天的中午，我和三个好朋友，小亮，小五和小喜，在饭馆里吃饭。天气也很冷。我们都不想回去工作了。我们想坐在饭馆，喝多几杯热茶。在这时候，小亮就问我：

Zài yī gè xià yǔ tiān de zhōng wǔ, wǒ hé sān gè hǎo péng yǒu, Xiǎo Liàng, Xiǎo Wǔ hé Xiǎo Xǐ, zài fàn guǎn lǐ chī fàn. Tiān qì yě hěn lěng. Wǒ men dōu bù xiǎng huí qù gōng zuò le. Wǒ men xiǎng zuò zài fàn guǎn, hē duō jǐ bēi rè chá. Zài zhè shí hòu, xiǎo liàng jiù wèn wǒ:

On a rainy afternoon, I was with my three good friends, Xiao Liang, Xiao Wu and Xiao Xi, having a meal at the restaurant. The weather is very cold. We don't want to go back to work. We want to sit in the restaurant and have a few more cups of hot tea. At this time, Xiao Liang asked me:

小亮：你现在多大了？

Xiǎo Liàng: Nǐ xiàn zài duō dà le?
Xiao Liang: How old are you now?

我：二十七岁。你呢？

Wǒ: Èr shí qī suì. Nǐ ne?
Me: Twenty-seven years old. What about you?

小亮：我是二十八岁。小五和小喜呢？

Xiǎo Liàng: Wǒ shì èr shí bā suì. Xiǎo Wǔ hé xiǎo xǐ ne?

Xiao Liang: I am twenty-eight years old. Xiao Wu and Xiao Xi?

小喜：我是二十九岁。

Xiǎo Xǐ: Wǒ shì èr shí jiǔ suì.

Xiao Xi: I am twenty-nine years old.

小五：我是十八岁。

Xiǎo Wǔ: Wǒ shì shí bā suì.

Xiao Wu: I am eighteen years old.

我：你不是十八岁了。我看，你是十五岁。

Wǒ: Nǐ bù shì shí bā suì le. Wǒ kàn, nǐ shì shí wǔ suì.

Me: You can't be eighteen years old. I think you are fifteen.

小五：我的生日是二零零一年四月十八号。那我就是十八岁了。

Xiǎo Wǔ: Wǒ de shēng rì shì èr líng líng yī nián sì yuè shí bā hào. Nà wǒ jiù shì shí bā suì le.

Xiao Wu: My birthday is on April 18, 2001. I am therefore eighteen years old.

小喜：你是十八岁？你看起来是十五岁。你们看他是多少岁？

Xiǎo Xǐ: Nǐ shì shí bā suì? Nǐ kàn qǐ lái shì shí wǔ suì. Nǐ men kàn tā shì duō shǎo suì?

Xiao Xi: Are you 18 years old? You look like you are fifteen. How old do you all think he is?

小五：现在是二零一九年。如果我不是十八岁，那我是几岁呢？

Xiǎo Wǔ: Xiàn zài shì èr líng yī jiǔ nián. Rú guǒ wǒ bù shì shí bā suì, nà wǒ shì jǐ suì ne?

Xiao Wu: It is now in 2019. If I am not eighteen, then how old am I?

小亮：我看，你不是十八岁，是十六岁。

Xiǎo Liàng: Wǒ kàn, nǐ bù shì shí bā suì, shì shí liù suì.

Xiao Liang: I don't think you are eighteen, you are sixteen.

我：好了好了。小五是十八岁。小喜，你看来是十八岁，不是二十九岁啊。

Wǒ: Hǎo le hǎo le. Xiǎo Wǔ shì shí bā suì. Xiǎo Xǐ, nǐ kàn lái shì shí bā suì, bù shì èr shí jiǔ suì a.

Me: Okay, okay. Xiao Wu is eighteen years old. Xiao Xi, you look like you are eighteen years old, not twenty-nine years old.

小喜：我的生日是一九九零年六月二十号。

Xiǎo Xǐ: Wǒ de shēng rì shì yī jiǔ jiǔ líng nián liù yuè èr shí hào.

Xiao Xi: My birthday is on June 20, 1990.

小亮：一九九零年？那不是你的生日吧？你怎么能是二十九岁呢？

Xiǎo Liàng: Yī jiǔ jiǔ líng nián? Nà bù shì nǐ de shēng rì ba? Nǐ zěn me néng shì èr shí jiǔ suì ne?
Xiao Liang: 1990? That is not your birthday? How can you be twenty-nine years old?

小喜：我很高兴你们这样的说。小亮，你的生日呢？

Xiǎo Xī: Wǒ hěn gāo xìng nǐ men zhè yàng de shuō. Xiǎo Liàng, nǐ de shēng rì ne?
Xiao Xi: I am very happy to hear this. Xiao Liang, what about your birthday?

小亮：我的生日是一九九一年七月十九号。

Xiǎo Liàng: Wǒ de shēng rì shì yī jiǔ jiǔ yī nián qī yuè shí jiǔ hào.
Xiao Liang: My birthday is on July 19, 1991.

我：好的。
Wǒ: Hǎo de.
Me: Ok.

小喜：你的生日呢？
Xiǎo Xī: Nǐ de shēng rì ne?

Xiao Xi: When is your birthday?

我：我的生日是一九九二年一月六号。
Wǒ: Wǒ de shēng rì shì yī jiǔ jiǔ èr nián yī yuè liù hào.
Me: My birthday is on January 6, 1992.

小五：那你是二十七岁了。
Xiǎo Wǔ: Nà nǐ shì èr shí qī suì le.
Xiao Wu: Then you are twenty-seven years old.

我：是的。我们现在说生日的时候想做什么？
Wǒ: Shì de. Wǒ men xiàn zài shuō shēng rì de shí hòu xiǎng zuò shén me?
Me: Yes I am. Now, let's talk about what should we do for our birthdays?

小喜：我想买一只狗。
Xiǎo Xǐ: Wǒ xiǎng mǎi yī zhǐ gǒu.
Xiao Xi: I want to get a dog.

小亮：你喜欢狗吗？
Xiǎo Liàng: Nǐ xǐ huān gǒu ma?
Xiao Liang: Do you like dogs?

小喜：我很喜欢养狗的。你呢？

Xiǎo Xī: Wǒ hěn xǐ huān yǎng gǒu de. Nǐ ne?
Xiao Xi: I like dogs very much. What about you?

小亮：我喜欢坐飞机。坐飞机去哪儿都没关系。但是我会很高兴如果能坐飞机去中国的。

Xiǎo Liàng: Wǒ xǐ huān zuò fēi jī. Zuò fēi jī qù nǎ er dōu méi guān xì. Dàn shì wǒ huì hěn gāo xìng rú guǒ néng zuò fēi jī qù zhōng guó de.
Xiao Liang: I like to fly. It doesn't matter where I go by plane. But I will be extremely happy if I can fly to China.

小五：我喜欢开车。
Xiǎo Wǔ: Wǒ xǐ huān kāi chē.
Xiao Wu: I like to drive.

我：那你想买车吗？
Wǒ: Nà nǐ xiǎng mǎi chē ma?
Me: Then are you buying a car?

小五：我现在没有钱买车。如果我有钱，我会现在就去买车，不会在这饭馆和你们一起喝茶了。你呢？

Xiǎo Wǔ: Wǒ xiàn zài méi yǒu qián mǎi chē. Rú guǒ wǒ yǒu qián, wǒ huì xiàn zài jiù qù mǎi chē, bù huì zài zhè fàn guǎn hé nǐ men yī qǐ hē chá le. Nǐ ne?
Xiao Wu: I don't have the money to buy a car now. If I have money, I will buy a car right now, instead of drinking tea with you all at this restaurant. What about you?

我：我想去北京学习汉语。

Wǒ: Wǒ xiǎng qù běijīng xué xí hàn yǔ.

Me: I want to go to Beijing to learn Chinese.

小五：你会在你生日的时候去北京学习汉语吗？

Xiǎo Wǔ: Nǐ huì zài nǐ shēng rì de shí hòu qù běijīng xué xí hàn yǔ ma?

Xiao Wu: Will you be going to Beijing to learn Chinese on your birthday?

我：不是。我的生日是在一月的。我想在六月去北京。

Wǒ: Bù shì. Wǒ de shēng rì shì zài yī yuè de. Wǒ xiǎng zài liù yuè qù běijīng.

Me: I'm not. My birthday is in January. I want to go to Beijing in June.

小喜：北京在六月的时候很热但是也很漂亮。

Xiǎo Xǐ: Běijīng zài liù yuè de shí hòu hěn rè dàn shì yě hěn piào liang.

Xiao Xi: Beijing is very hot in June but it is also very beautiful.

小亮：好吧。没下雨了。我们快一点儿回去工作。

Xiǎo Liàng: Hǎo ba. Méi xià yǔ le. Wǒ men kuài yī diǎn er huí qù gōng zuò.

Xiao Liang: Ok. It has stopped raining. Let's go back to work.

APPENDIX A – HSK 1 VOCABULARY

Words	Pinyin	Explanation
爱	ài	to like, to love
八	bā	eight
爸爸	bà ba	father
杯子	bēi zi	cup, glass
北京	běi jīng	Beijing, capital of China
本	běn	a measure word for books
不	bú	no, not
不客气	bú kè qi	you are welcome, don't mention it
菜	cài	dish, cuisine
茶	chá	tea
吃	chī	to eat
出租车	chū zū chē	taxi, cab
打电话	dǎ diàn huà	to make a phone call
大	dà	big, old (age)
的	de	used after an attribute
点	diǎn	o'clock
电脑	diàn nǎo	computer
电视	diàn shì	television
电影	diàn yǐng	film, movie
东西	dōng xi	thing, stuff
都	dōu	both, all

Words	Pinyin	Explanation
读	dú	to read
对不起	duì bù qǐ	to be sorry
多	duō	indicating degree or extent
多少	duō shǎo	how many, how much
儿子	ér zi	son
二	èr	two
饭店/饭馆	fàn diàn / fàn guǎn	restaurant
飞机	fēi jī	plane
分钟	fēn zhōng	minute
高兴	gāo xìng	glad, happy
个	gè	a general measure word
工作	gōng zuò	to work, job
狗	gǒu	dog
汉语	hàn yǔ	Chinese (language)
好	hǎo	good, fine
号	hào	(for date and month) number
喝	hē	to drink
和	hé	and
很	hěn	very, quite
后面	hòu mian	back
回	huí	to come/go back, to return
会	huì	can, to be able to

Words	Pinyin	Explanation
几	jǐ	how many
家	jiā	family, home
叫	jiào	to call, to be called
今天	jīn tiān	today
九	jiǔ	nine
开	kāi	open, to drive
看	kàn	to look at, to watch, to read
看见	kàn jiàn	to see
块	kuài	a unit of money, same as *yuan*
来	lái	to come
老师	lǎo shī	teacher
了	le	used at the end or in the middle of a sentence to indicate a change or a new circumstance
冷	lěng	cold
里	lǐ	inner, inside, interior
六	liù	six
妈妈	mā ma	mother
吗	ma	used at the end of a question
买	mǎi	to buy, to purchase
猫	māo	cat, kitten
没关系	méi guān xi	tha's ok, it doesn't matter
没有	méi yǒu	there is not

Words	Pinyin	Explanation
米饭	mǐ fàn	cooked rice
名字	míng zi	name
明天	míng tiān	tomorrow
哪	nǎ	which
哪儿	nǎ ér	where
那	nà	that
呢	ne	used at the end of a question
能	néng	can, may
你	nǐ	you (singular)
年	nián	year
女儿	nǚ ér	daughter
朋友	péng you	friend
漂亮	piào liang	beautiful, pretty
苹果	píng guǒ	apple
七	qī	seven
前面	qián mian	front
钱	qián	money
请	qǐng	please
去	qù	to go
热	rè	hot
人	rén	human, person
认识	rèn shí	to meet, to know
三	sān	three

Words	Pinyin	Explanation
商店	shāng diàn	shop, store
上	shàng	up, above
上午	shàng wǔ	morning, before noon
少	shǎo	little, few
谁	shuí	who, whom
什么	shén me	what
十	shí	ten
时候	shí hou	time, moment
是	shì	to be, yes
书	shū	book
水	shuǐ	water
水果	shuí guǒ	fruit
睡觉	shuì jiào	to sleep
说	shuō	to speak, to say
四	sì	four
岁	suì	year (of age)
他	tā	he, him
她	tā	she, her
太	tài	too, excessively
天气	tiān qì	weather
听	tīng	to listen
同学	tóng xué	classmate
喂	wèi	hey, hello

Words	Pinyin	Explanation
我	wǒ	I, me
我们	wǒ men	we, us
五	wǔ	five
喜欢	xǐ huan	to like, to be fond of
下	xià	under, below
下午	xià wǔ	afternoon
下雨	xià yǔ	to rain
先生	xiān sheng	Mr., Sir
现在	xiàn zài	now
想	xiǎng	to want, would like
小	xiǎo	small, little
小姐	xiáo jiě	Miss, young lady
些	xiē	some, a few
写	xiě	to write
谢谢	xiè xiè	to thank
星期	xīng qī	week
学生	xué sheng	student
学习	xué xí	to study, to learn
学校	xué xiào	school
一	yī	one
一点儿	yì dián ér	a few, a little
衣服	yī fu	clothes
医生	yī sheng	doctor

Words	Pinyin	Explanation
医院	yī yuàn	hospital
椅子	yǐ zi	chair
有	yǒu	to have, there be
月	yuè	month
再见	zài jiàn	to see you again, goodbye
在	zài	to be in/on/at; in/on/at
怎么	zěn me	how
怎么样	zěn me yàng	how
这	zhè	this
中国	zhōng guó	China
中午	zhōng wǔ	noon
住	zhù	to live, to stay
桌子	zhuō zi	desk, table
字	zì	character, word
昨天	zuó tiān	yesterday
坐	zuò	to sit, to be seated
做	zuò	to make, to produce

APPENDIX B – NEW WORDS IN HSK 1 STANDARD COURSE BOOK

Word	Pinyin	Explanation
啊	a	particle showing affirmation or defense
吧	ba	used at the end of an interrogative sentence to indicate guessing; used at the end of a sentence to indicate suggestion, decision or command; used after "好" indicating the tone of agreement or permission
给	gěi	give, to
好吃	hào chī	good to eat, delicious, tasty
口	kǒu	a measure word for members of family
您	nín	you (polite)
身体	shēn tǐ	body
问	wèn	to ask, to enquire
也	yě	also, too
一起	yīqǐ	together
不少	Bù shǎo	quite a lot, many, not a few
车	chē	car

Word	Pinyin	Explanation
吃饭	chī fàn	to eat a meal
大学	dà xué	university
分钟	fēn zhōng	minute
国	guó	country, nation
汉字	hàn zì	Chinese character
后	hòu	after, afterwards, later
回来	huí lái	to come back
今年	jīn nián	this year
没	méi	there is not
那儿	nà'er	there
你们	nǐ men	you (plural)
前	qián	before, earlier than
太。。。了	tài...le	too excessively
下面	xià miàn	under, below
学	xué	to study, to learn
雨	yǔ	rain
这儿	zhè'er	here
这些	zhè xiē	these
打车	dǎ chē	take a taxi
开车	kāi chē	drive, driving
里面	lǐ miàn	inside, interior
明年	míng nián	next year
朋友们	péng yǒu men	friends
前天	qián tiān	the day before yesterday

Word	Pinyin	Explanation
上面	shàng miàn	above
书店	shū diàn	bookstore
说话	shuō huà	speak, say, talk
他们	tā men	they, them (male)
她们	tā men	they, them (female)
听见	tīng jiàn	hear
学车	xué chē	learn driving
学生们	xué shēng men	students
有点儿	yǒu diǎn er	kind of
这么	zhè me	so, such, like this, this way
这样	zhè yàng	so, such, like this, this way
做饭	zuò fàn	cooking

AUDIO FILES DOWNLOAD

You may download all the audio files at:

https://allmusing.net/blog/hsk-1-storybook-audio-files/48/

You will need to input the following **password** to download all parts of the audio files.

K$%&8jSna6

If you encounter any issues when downloading the files, please do not hesitate to email us at feedback@allmusing.net

Printed in Great Britain
by Amazon